基金项目：本专著系 2023 年辽宁省社会科学规划基金一般
理论的人工智能辅助翻译的比较研究》研究成果。（项目

基于功能语言学的机器翻译和人工智能研究

赵慧敏 著

汕頭大學出版社

图书在版编目（CIP）数据

基于功能语言学的机器翻译和人工智能研究 / 赵慧敏著. -- 汕头 : 汕头大学出版社，2024. 12. -- ISBN 978-7-5658-5505-4

Ⅰ. TP391.2；TP18

中国国家版本馆 CIP 数据核字第 2025FZ2297 号

基于功能语言学的机器翻译和人工智能研究
JIYU GONGNENG YUYANXUE DE JIQI FANYI HE RENGONG ZHINENG YANJIU

作　　者：赵慧敏
责任编辑：郑舜钦
责任技编：黄东生
封面设计：皓　月
出版发行：汕头大学出版社
　　　　　广东省汕头市大学路 243 号汕头大学校园内　邮政编码：515063
电　　话：0754-82904613
印　　刷：廊坊市海涛印刷有限公司
开　　本：710mm×1000mm　1/16
印　　张：12.25
字　　数：220 千字
版　　次：2024 年 12 月第 1 版
印　　次：2025 年 1 月第 1 次印刷
定　　价：68.00 元
ISBN 978-7-5658-5505-4

前言

在全球化与信息爆炸的今天，语言作为沟通的桥梁，其重要性不言而喻。随着科技的飞速发展，机器翻译作为连接不同语言文化的关键技术，正逐步从理论走向实践，深刻影响着我们的生活与工作。功能语言学，作为一门关注语言功能、语境与交际目的的学科，为机器翻译和人工智能的发展提供了独特的视角与深厚的理论支撑。本书《基于功能语言学的机器翻译和人工智能研究》，正是在这一背景下应运而生，旨在探讨功能语言学如何引领机器翻译和人工智能领域的创新与发展。

本书内容广泛而深入，不仅系统地介绍了功能语言学的基本理论框架，包括其由来、核心观点、语言功能的分类以及研究范围与流派，还深入剖析了机器翻译技术的演进历程、技术原理、语料库建设、质量评估等多个方面。尤为重要的是，本书创新性地将功能语言学理论与机器翻译实践相结合，探讨了功能语言学如何指导翻译实践、优化翻译策略、制定翻译评估标准，以及如何在神经机器翻译等前沿技术中发挥作用。此外，本书还展望了人工智能时代下机器翻译技术的未来发展方向，包括技术伦理的构建、知识蒸馏的应用以及可持续发展策略等。

本书注重理论与实践的紧密结合，既有深入的理论探讨，又有丰富的案例分析，使读者能够全面理解功能语言学与机器翻译、人工智能之间的内在联系。同时，本书语言平实，逻辑清晰，结构严谨，便于读者理解和掌握。此外，本书还注重跨学科知识的融合，将语言学、计算机科学、人工智能等多个领域的知识有机结合，为读者提供了一个全面而深入的视角来审视机器翻译和人工智能的发展。

本书在写作的过程中得到许多专家学者的指导和帮助，在此表示诚挚的谢意。书中所涉及的内容难免有疏漏与不够严谨之处，希望读者和专家能够积极批评指正，以待进一步修改。

目录

第一章　功能语言学概论 ································· 001

第一节　功能主义的由来及观点 ················· 001

第二节　语言"功能"的定义及其分类 ··········· 003

第三节　功能语言学的研究范围和流派 ········· 013

第二章　机器翻译技术的演进与发展 ··············· 026

第一节　机器翻译的发展历程与产业需求 ········· 026

第二节　机器翻译语料库类型与语料获取 ········· 041

第三节　机器翻译质量评估：标准与实践 ········· 050

第三章　功能语言学视角下的机器翻译技术 ········· 061

第一节　功能语言学对翻译实践的指导作用 ······· 061

第二节　机器翻译中的功能语言学应用方法 ······· 067

第三节　功能语言学视角下的翻译评估标准 ······· 075

第四章　人工智能与机器翻译的深度融合发展——神经机器翻译 ··· 086

第一节　神经网络基础与经典神经机器翻译 ······· 086

第二节　基于注意力的神经机器翻译模型 ········· 105

第三节　基于卷积神经网络的神经机器翻译模型 ··· 112

第四节　基于自注意力的神经机器翻译模型 ······· 118

第五章　系统功能语言学在自然语言处理中的应用 …………………… 125

    第一节　系统功能语言学视角下的机器翻译与词典编纂 ………… 125

    第二节　系统功能语言学在自动语篇生成中的应用 …………… 133

    第三节　多模态语料库中的系统功能语言学知识建模 ………… 145

第六章　人工智能时代下机器翻译技术的发展探索 …………… 155

    第一节　人工智能时代翻译技术伦理的构建探索 …………… 155

    第二节　基于知识蒸馏的神经机器翻译发展方向 …………… 164

    第三节　技术、政策与市场：机器翻译的可持续发展 …………… 177

参考文献 ……………………………………………………………… 186

第一章　功能语言学概论

第一节　功能主义的由来及观点

功能主义作为一种语言研究方法，始终将语言视为一种交际形式和社会产物，其研究目标在于通过语言在社会交际中应实现的功能来描述和解释语言系统不同层次上的各种特征。功能主义的理论渊源可以追溯到古希腊时期的哲学家，他们主张语言是一种谈论问题的手段，是一种选择系统，其标准是可接受性和用途。这些思想在现代功能语言学中得到了继承和发展。

在古希腊和古罗马时期，演讲术被广泛重视，研究者们开始不自觉地探讨语言在使用中的各种功能。例如，他们研究说话人如何使用语言手段来达到最大的感染力，获得最佳的表达效果。这种对语言功能的自觉研究在 20 世纪 20 年代的布拉格学派得到了系统化和理论化。布拉格学派的语言学家们提出了语言的交际功能、社会功能以及美学功能等多个研究方向，并通过引入"语音对立""实义切分""功能文体""标记性"等概念，建立了一整套功能主义语言学的研究方法。

与形式主义不同，功能主义强调语言形式的功能解释，注重研究语言的交际功能、语篇功能、社会功能以及实现这些功能的语言手段。形式主义侧重于语言的形式特征，试图发现具有普遍性的语言能力，并通过建立模型、验证模型、修改模型等方法，不断完善理论框架。乔姆斯基提出的生成语法是形式主义的重要代表，它主张语言能力是人脑生来就具有的生物 – 生理初始态，通过后天经验的作用，初始态逐渐演变成稳定态，普遍语法则发展为不同的个别语法。

生成语法的核心在于通过句法规则生成所有可能的正确句子，强调语言的普遍性和形式化特征。在这种理论体系中，语义与人的心理密切相关，而句法则被认为可以从语言系统中分离出来，成为独立的、自足的研究对象。生成语法的研究方法以演绎法为主，通过验证假设不断完善理论模型，力图使语言学成为一门形式化、可推演、可证伪的科学。

与此相对，功能主义认为语言不仅是一个符号系统，更是一个受到人类认知能力和语境限制的交际工具。与形式主义不同，功能主义强调社会因素和语境对语言的影响，认为语言是人类社会交际的产物，研究语言时必须考虑语言的社会功能和实际使用情况。

在语言观、研究目的、研究方法、研究对象以及基本理论方面，形式主义和功能主义存在着显著差异。形式主义强调语言的自足性和形式特征，注重理论性、逻辑性和抽象性；功能主义则强调语言的实用性、修辞性和直观性，注重语言的社会功能和实际应用。形式主义重视心理因素，功能主义则更注重社会因素；形式主义侧重研究句子的结构规则，功能主义侧重研究语言使用者在意义潜势中的选择。

尽管形式主义和功能主义在语言学研究中呈现出对立和争论，但它们实际上是语言研究中两个互为依存的方面。形式主义致力于自然语言形式特征的刻画，力图发现具有普遍性的语言能力；功能主义则强调对语言形式传递信息的功能解释，注重研究语言的各种功能及其实现手段。两者在语言学研究中各有其独特的价值和贡献。

形式主义和功能主义的对话和相互借鉴对于语言学研究的发展具有重要意义。功能主义可以借鉴形式主义的科学精神，尽量避免研究中的主观性和随意性；形式主义则可以学习功能主义的思考方法，避免对某些语言现象只从语言系统内部着眼而做出牵强解释。只有形式主义或功能主义的语言研究都是不完备的，二者相结合才能更加全面地解释语言现象。

近年来，形式主义和功能主义已经开始进行对话并相互借鉴，这一趋势对语言学研究的未来发展具有积极意义。在形式主义和功能主义的相互补充下，语言学研究将能够更加全面地解释语言现象，为人类理解语言的本质和功能提供更加丰富的理论支持。

综上所述，功能主义通过将语言视为交际工具和社会产物，注重研究语言的各种功能及其实现手段，提供了一种不同于形式主义的语言研究方法。形式主义和功能主义的对立和争论反映了语言研究中不同视角的价值和重要性。二者的相互借鉴和结合，将有助于推动语言学研究的深入发展，为人类理解语言的本质和功能提供更加全面的理论框架。

第二节　语言"功能"的定义及其分类

一、语言"功能"的定义

（一）语言功能的传统理解

在传统语法的分析框架下，语言被分解为不同的组成部分，其中包括词法和句法。词法主要关注词语的形式特征，如词根、词缀、变形等，它们构成了语言的基础元素，是词汇的内在属性。而句法则着眼于词语在句中的功能角色，探讨词语如何组织成句子，以及这些组织结构所传达的语义内容。在这一层面上，形式与功能的区分成为理解语言结构和语义的关键。

词法功能关注的是词的内部结构和属性，例如名词的性、数、格，动词的时态、语态、人称等。这些属性决定了词的分类和使用，是词法研究的核心内容。相对而言，句法功能则侧重于词语在句中所扮演的角色，如主语、谓语、宾语等，它们体现了词语之间的关系和句子的整体结构。词法与句法功能的这种区别，揭示了语言的两个不同维度：一是对词作为独立实体的属性分析，二是对词在句中如何相互作用的功能分析。

句法功能在句法分析中扮演着至关重要的角色。它是理解句子结构的基础，通过分析词语在句中所承担的功能角色，我们能够揭示句子的深层结构和意义。例如，在"猫坐在垫子上"这个简单句中，我们可以识别出"猫"作为主语，承载着句意的主体；"坐"作为谓语，表明了句子的动作或状态；而"垫子"和"上"作为宾语和介词短语，进一步提供动作发生的地点或环境。这种功能分析不仅帮助我们理解句子的表层结构，还有助于深入探讨句中隐含的逻辑关系和语义层面。句法功能的研究，还涉及到对语言使用中规律性的探讨。不同的语言或方言可能有不同的句法功能表现形式，但它们遵循一定的规则性原则。例如，主谓宾结构是许多语言共有的典型句法模式，这反映了普遍的语序规律。同时，句法功能也与语言的语用层面紧密相关，它不仅决定了信息的传递方式，还涉及到说话人如何通过特定的句法构造表达意图、情感和态度。此外，句法功能的研究还对语言变体和语言演化具有重要意义。语言之间的差异往往体现在功能角色的实现方式上，而这些差异又可能随着语言的接触和借用而发生变化。通过深入分析句法功能，我们可以更好地理解语言的多样性和复杂性，以及语言随时间而发生的演变过程。

（二）功能语言学对"功能"概念的扩展

功能语言学的兴起，标志着对语言"功能"概念的重新审视与扩展。在这一新兴的语言学分支中，语言不再被简单地视为形式与结构的集合，而是作为一种动态的、具有目的性的交际工具。语言符号的使用，不再局限于其在句法结构中的位置或角色，而是更多地关注其在特定语境中的用途和效果。这种对语言功能的重新定义，强调了语言与社会语境、文化背景以及交际目的之间的密切联系。

语言符号在语境中的用途，体现了语言的多功能性。它不仅传递信息，还构建社会关系，表达情感态度，甚至影响他人的行为。例如，问候语不仅仅是信息的交换，更是社会礼貌和人际关系的体现。命令句则直接体现了语言对行为的指导和影响。功能语言学的这一视角，为我们理解语言的社会性和互动性提供了新的理论工具。

语言功能，是指语言形式完成某一特定任务的能力。这一定义突破了传统语法对语言功能的局限，将语言的功能视为一种能力，即语言符号在特定语境中实现特定交际目的的能力。这种能力不仅包括语言的表达能力，还包括其影响、引导和调节社会行为的能力。该定义强调了语言功能的实用性和目的性，语言的使用总是服务于某种目的，无论是传递知识、表达情感，还是进行社会交往。这种对语言功能的实用主义理解，为功能语言学的研究提供了坚实的理论基础。

另外，语言功能可以从两个层面来理解：一是语言内部的功能，即语言形式与系统中其他部分之间的关系；二是语言外部的功能，即语言在社会或个人语境中所起的作用。在语言内部，功能体现为语言形式在句法结构中的作用，如名词短语在小句结构中充当主语或宾语。这种功能是语言系统内部组织和运作的基础，是语言符号之间相互依存和制约关系的体现。在语言外部，功能则体现为语言在社会交往中的作用，如传递思想、表达态度等。这种功能是语言与社会现实相互作用的结果，是语言符号在特定语境中实现交际目的的能力。

（三）现代语言学中"功能"的多维内涵

现代语言学中对"功能"一词的理解呈现出显著的多样性和复杂性。功能主义作为一种语言学理论，强调语言结构的形成和变化是由其在交际中的功能所驱动的。不同的功能主义派别，如系统功能语言学、认知功能语言学和社会功能语言学等，虽然共享这一基本理念，但在对"功能"一词的具体解释和应用上各有侧重。

系统功能语言学，由韩礼德[①]发展，将语言视为社会符号，强调语言的功能与其在社会语境中的使用紧密相关。认知功能语言学则侧重于语言与人类认知过程的关系，探讨语言如何反映和塑造我们对世界的认知。社会功能语言学关注语言在社会互动中的角色，分析语言如何构建社会身份和权力关系。这些派别对"功能"一词的基本含义有着不同的解读，但普遍认同的是，语言的功能不仅仅是传递信息，更包括表达情感、建立社会关系、进行思维活动等多维度的社会和心理功能。

人们通过对"功能"一词的深入分析，提出五重含义，这些含义在现代语言学中相互交织，共同构成了对语言功能全面理解的基础。

第一，依存关系。语言单位之间的相互依存和制约关系，体现了语言结构的内在逻辑。这种依存关系在句法、语义和语用层面均有体现，是语言系统性的重要表现。

第二，目的。语言作为交际工具，其使用总是带有某种目的性，无论是传递信息、表达情感还是实现社会交往。

第三，语境。语言的使用总是嵌入特定的语境之中，语境对语言的选择、理解和解释都有着决定性的影响。

第四，结构关系。语言单位在句法结构中的位置和角色，如主语、宾语等，这些结构关系是理解句子意义的关键。

第五，意义。语言的核心功能之一是表达意义，包括但不限于指称意义、情感意义、社会意义等。

在现代语言学的多元视角下，"功能"一词的多重含义往往相互重叠，其界限并不总是清晰。例如，依存关系和结构关系在句法层面紧密相连，而目的和语境在语用层面又常常交织在一起。这种重叠和模糊性反映了语言功能的综合性和

---

① 韩礼德（M.A.K.Halliday），1925年生于英格兰约克郡里兹。英国当代语言学家。韩礼德教授是世界两大主要语言学派之一的系统功能语言学的创始人，世界语言学界的杰出代表和语言大师。

动态性，也提示我们在研究语言时需要采取更为综合和灵活的方法。

语言的功能不是孤立存在的，它们在实际使用中相互作用、相互影响。例如，一个语言形式可能同时承载信息传递的功能和表达说话者情感的功能。这种多功能性要求我们在分析语言时，不仅要关注语言的直接意义，还要考虑其在特定语境中可能产生的社会和心理效果。此外，语言功能的界限模糊性也提示我们，语言研究不应局限于单一的分析框架，而应综合运用多种理论和方法，以揭示语言在不同层面上的复杂功能。

（四）语言符号的依存关系与目的

依存关系在语言学中是一个核心概念，它描述了语言单位之间的相互依赖和制约关系。这种关系在本质上与数学中的函数概念相似，后者定义了一个元素集合中的每个元素与另一个元素集合中的元素之间的唯一对应关系。在语言学的语境中，依存关系指的是一个语言单位（如词、短语或句子成分）在结构、意义或功能上对另一个单位的依赖。例如，在英语中，动词的时态可能依赖于主语的人称和数，而名词的格变化可能依赖于其在句中的功能（如主格或宾格）。依存关系的理解对于揭示语言的内在结构至关重要。它不仅帮助我们识别语言单位之间的相互作用，还有助于我们理解语言的生成过程和语言变化的动因。此外，依存关系的概念也为我们提供了一种分析语言复杂性的工具，使我们能够更深入地理解语言的多样性和动态性。

语言单位间的相互依存与制约是语言结构的基础。这种依存性体现在多个层面，包括音韵、语法和语义。在音韵层面，音素的分布和变化往往受到其他音素的影响，形成一种音韵依存关系。在语法层面，词类的选择和句子成分的排列受到严格的规则制约，这些规则定义了语言单位之间的结构依存关系。在语义层面，意义的构建依赖于语言单位之间的逻辑和语义联系，形成了语义依存关系。这种相互依存与制约的关系不仅存在于单个语言单位内部，也存在于语言单位之间的组合中。例如，一个动词的选择可能决定了其宾语的类型，而一个形容词的选择可能受到其修饰的名词的影响。这种依存关系的存在，使得语言成为一个高度组织化和规则化的系统，每个单位都在其特定的语境中发挥着特定的作用。

语言不仅是一个表达思想和情感的媒介，也是一个实现交际目的的工具。语言的目的性体现在语言的使用总是服务于某种交际需求，无论是信息的传递、情感的表达、社会关系的建立，还是行为的引导。这种目的性是语言功能的核心，它驱动着语言的选择、组织和解释。语言的目的性也反映在语言的适应性和灵活性上。说话人根据交际的需要选择语言的形式和内容，以实现最佳的交际效果。例如，在一个正式的学术报告中，语言的使用会更加严谨和专业，而在一个非正式的社交场合中，语言的使用则可能更加随意和幽默。这种适应性和灵活性是语言作为交际工具的重要特征，它使得语言能够满足不同语境和目的的需求。

此外，语言的目的性还与语言的创造性和表现力密切相关。说话人可以通过语言的选择和组织来表达独特的思想、情感和态度，创造出个性化的语言风格和表达方式。这种创造性和表现力是语言吸引力和影响力的重要来源，也是语言研究的一个重要领域。

（五）语境在语言功能中的作用

语境在语言功能中扮演着至关重要的角色。语境功能的理解可以从两个层面进行探讨：社会语境和语篇。

社会语境，指的是语言使用时所处的社会环境，包括说话人和听话人的社会身份、角色关系、文化背景等。社会语境对语言的选择和理解有着深远的影响。例如，正式场合的语言通常更为严谨和规范，而非正式场合则可能使用更加随意和口语化的表达。社会语境还能够影响语言的礼貌程度、直接性以及隐喻的使用等。

语篇，则关注语言在连续文本中的组织和连贯性。语篇语境涉及语言单位如何在更长的文本中相互关联，形成有意义的整体。这包括了对篇章结构、叙述顺序、衔接手段等的考量。良好的语篇组织能够提高信息的传递效率，增强语言的说服力和感染力。

语言作为一种社会符号系统，其功能和表现形式受到言语活动环境的深刻影响。以下是关键方面，展示了语言如何反映其所处的环境：

第一，社会身份与角色。语言能够体现说话人的社会身份和角色。不同的社会群体可能有着特定的语言习惯和表达方式，这些习惯和方式在语言的使用中得以体现。

第二，权力与地位。语言的使用可以反映和构建权力关系。在不同的社会互动中，语言的选择可能与说话人的权威、地位或社会阶层有关。

第三，文化价值观。语言携带着文化的印记，反映了特定文化背景下的价值观和信仰。通过语言的使用，可以观察到文化差异和特定文化特征的体现。

第四，情感与态度。语言不仅传递信息，还能够表达情感和态度。说话人通过语言的选择和语气的调整，可以表达对某一话题或对象的喜好、厌恶、怀疑或信任。

第五，交际目的。语言的使用总是为了实现某种交际目的。无论是说服、娱乐、教育还是信息传递，语言的形式和内容都会根据这一目的进行调整。

第六，语篇连贯性。在语篇层面，语言通过各种衔接手段，如指代、省略、连接词等，构建起文本的连贯性。这种连贯性是理解和解释语篇的关键。

第七，语境适应性。语言展现出极强的适应性，能够根据不同的语境进行调整。这种适应性体现在词汇选择、句式结构、语域变化等方面。

第八，语言变异与变化。语言在不同的语境中会呈现出变异，这些变异可能是地区性的、社会群体性的，也可能是随时间发展的语言变化。

通过对语境在语言功能中作用的深入分析，我们可以更好地理解语言作为一种社会现象的复杂性和动态性。语境不仅决定了语言的形式和内容，还影响着语言的理解和解释。因此，语境分析是语言学研究不可或缺的一部分，对于揭示语言的深层功能和社会意义具有重要意义。

（六）结构关系与意义在语言功能中的角色

结构功能是语言学中探讨语言单位如何在句法结构中相互关联和作用的一个重要概念。它关注的是语言的形式如何组织成有意义的结构，并在这一过程中表达特定的语义内容和交际意图。

主语，是句子的主要成分之一，通常指代执行动作或处于某种状态的人或事物。在许多语言中，主语的位置、形态变化以及与谓语的一致性是句法结构的关键特征。主语的结构功能不仅关系到句子的完整性，也影响着句子的语义解释。

主位，是另一个重要的结构概念，它指的是句子或话语中首先被提及的信息，为听者提供了理解后续信息的出发点。主位可以是人、物、概念或事件，其选择和布局影响着信息的呈现方式和听者的注意力分配。

施事，通常指动作的发起者，它在句子中的位置和形态变化可以揭示动作的发起者和责任归属。在某些语言中，施事的标记是表达句法和语义关系的重要手段。

这些概念在语言的功能研究中扮演着核心角色，因为它们不仅关系到句子的构成，还关系到句子所传达的意义和交际功能。通过分析这些结构成分，我们可以更深入地理解语言如何通过形式表达内容，以及这些内容如何在交际中发挥作用。

语言的功能与意义紧密相连，特别是在语用学领域，功能和意义往往是相互等同的。语用学是研究语境中语言使用的实际效果和交际意图的学科，它强调语言的意义不仅仅由语言的形式决定，还受到使用情境的影响。语用意义，是指语言在特定语境中所表达的实际意义，它可能与语言的字面意义不同。例如，反语、讽刺、隐喻等语言现象，其语用意义与字面意义相反或有别。理解语用意义需要考虑说话人的意图、听话人的理解以及社会文化背景等因素。

功能研究在语用学中尤为重要，因为它关注的是语言如何在实际交际中发挥作用。语言的功能可以是信息传递、情感表达、社会身份标记、权力关系构建等。这些功能通过语言的形式得以实现，但它们的实现又依赖于语言在特定语境中的意义解释。例如，一个简单的问候语"你好吗？"在不同的语境中可能具有不同的功能和意义。在正式场合，它可能是一种礼节性的表达；在亲密关系中，它可能表达关心和牵挂；在商务沟通中，它可能是建立友好关系的开场白。这些不同的功能和意义是由语境决定的，而对语境的理解和分析则是功能研究的核心。

此外，功能与意义的关系还体现在语言的创造性和灵活性上。说话人可以根据交际目的和语境的需要，选择不同的语言形式和策略，以实现特定的交际效果。这种创造性和灵活性是语言适应性的表现，也是语言研究的重要内容。

二、语言功能的分类探索

（一）著名语言学家对语言功能的分类

1. 标勒的三大语言功能

"语言符号的社会功能和认知功能之间有着密不可分的关联性，将已有的认知语言学成果应用于语言的功能分析不失为一种融合研究的捷径。"[1] 德国语言学家卡尔·比勒提出了语言的三大功能，这一分类对后续的语言学研究产生了深远影响。

（1）描述功能：这是语言最基本的功能，指的是语言用于描述事实或现实世界的能力。标勒认为，语言通过象征性符号表达客观世界和主观体验，使得人

---

① 谢刚，绪可望. 认知语言学社会文化与功能转向理论问题探索 [J]. 湖南大学学报（社会科学版），2023，37（1）：97–105.

们可以分享经验、传递知识。

（2）表达功能：此功能涉及语言如何反映说话人的主观态度和情感。语言不仅是对外部世界的描述，也是说话人情感和态度的表达，如通过语气、情态动词等手段。

（3）呼吁功能：这一功能关注语言如何影响或操作听话人的行为和反应。它包括请求、命令、提问等，通过语言实现对他人的引导或影响。

标勒的这三种功能，反映了语言在交流中的多维作用，不仅传递信息，还表达情感和进行社会互动。

2. 理查兹的四种语言功能

英国文学评论家理查兹，I.A. 提出了语言的四种功能，进一步丰富了对语言功能的理解。

（1）表达意义：类似于标勒的描述功能，关注语言如何描述事物和状态。

（2）表达感情：此功能与标勒的表达功能相似，但它更侧重于语言如何表达说话人的情感反应。

（3）表达语气：这一功能关注语言如何表达说话人对听话人的态度，包括礼貌、嘲讽、命令等。

（4）表达意图：关注语言如何传达说话人的交际目的，如说服、告知、娱乐等。

理查兹的分类强调了语言在文学和日常交际中的复杂性，突出了语言的多维交际功能。

3. 赖昂斯的三种语言功能

英国语言学家赖昂斯提出了语言的三种功能，这一分类在语义学领域具有重要地位。

（1）描述功能：这与标勒的描述功能和理查兹的表达意义功能相对应，涉及语言对事实信息和状态的陈述。

（2）社会功能：这一功能强调语言在建立和维持社会关系中的作用，包括语言如何表达社会身份、角色和关系。

（3）表达功能：类似于标勒的表达功能和理查兹的表达感情功能，关注语言如何表达说话人的个人特点和情感。

赖昂斯的分类提供了一个语义学的视角，强调了语言在表达意义和社会互动中的双重作用。

4．韩礼德的三大功能

澳大利亚语言学家韩礼德提出了语言的三大功能，这一分类对系统功能语言学产生了重要影响。"韩礼德采取独特的三分范式来构建其所创立的系统功能语言学理论，其三分范式贯穿在系统功能语言学的系统语法观、功能语法观、语言语义语境观共三大研究域。"①

（1）达意功能：涵盖了经验功能和逻辑功能，关注语言如何表达对现实世界的经验认识和逻辑关系。

（2）人际功能：涉及语言如何构建社会关系和个人身份，包括表达个人情感、态度和社会互动。

（3）组篇功能：关注语言如何组织成连贯的文本，以满足特定的交际需求和语境要求。

韩礼德的分类不仅关注语言的交际功能，还强调了语言的文本组织能力。

5．雅柯布森的六功能理论

美国语言学家雅柯布森提出了著名的六功能理论，这一理论在语言学和文学研究中具有重要地位。

（1）指称功能：关注语言如何指代外部世界的对象或事件。

（2）情感功能：涉及语言如何表达说话人的情感和态度。

（3）意动功能：与标勒的呼吁功能相似，关注语言如何影响听话人的行为和反应。

（4）交际功能：涉及语言在建立和维护社会联系中的作用。

（5）元语言功能：关注语言如何用于讨论自身，即语言的自我反思和解释功能。

（6）诗学功能：强调语言在艺术创作中的作用，包括音韵、节奏等形式特征的美学效果。

雅柯布森的六功能理论提供了一个全面的框架，用以分析语言在不同语境中的多功能性。

---

① 陈一龙．韩礼德系统功能语言学三分范式识解 [J]．湘潭大学学报（哲学社会科学版），2023，47（6）：188–192.

（二）语言功能的多样性与分类方法

语言功能的多样性导致了功能类型的广泛存在，如呼吁功能、题元功能、影响功能等。这种多样性虽然丰富了语言功能的研究，但也带来了一定的混乱。学术界对语言功能的分类缺乏统一的标准和共识，不同的学者根据自己的研究目的和理论背景，提出了各种各样的分类方法。这些方法之间可能存在重叠、交叉甚至是冲突，使得语言功能的研究变得复杂和难以把握。此外，语言功能的多样性也反映了语言本身的复杂性。语言不仅仅是一种符号系统，更是一种社会现象，其功能和表现形式受到多种因素的影响，如文化、社会结构、交际目的等。这种复杂性使得语言功能的研究难以用单一的分类方法来全面覆盖。

尽管存在多种分类方法，但大多数方法都可以归纳为以下基本类型：

第一，二分法，将语言功能分为表达和交际两大类。

第二，三分法，在二分法的基础上增加了指称或描述功能。

第三，四分法，进一步细分，如标勒和理查兹的分类方法。

第四，六分法，雅柯布森的六功能理论是六分法的代表。

第五，其他分类方法，包括八分法、十分法等，这些方法通常在基本分类的基础上增加了更多的功能类型。

尽管存在多种分类方法，但大多数方法都试图从不同的角度揭示语言的交际功能和社会功能。

（三）基于符号学的"功能"新分类

符号学作为研究符号及其在交际中作用的学科，为理解语言功能提供了一个全新的视角。在符号学的框架下，语言交流可以被分解为三个基本要素：语言符号、人（包括说话人和听话人）、世界（即语言所指涉的客观或主观现实）。这三个要素构成了语言交流的基本结构，并决定了语言功能的多样性和复杂性：语言符号，作为交际的基本工具，语言符号承载着意义，是交流过程中信息传递的媒介；人，语言交流的参与者，其认知、情感、意图和社会身份等因素对语言的使用和理解产生影响；世界，语言所反映和描述的对象，包括物理世界、心理世界和社会文化世界。这三个要素相互作用，共同构成了语言交流的动态过程，并决定了语言功能的实现方式和效果。

基于符号学的视角，我们可以提出一种新的语言功能分类方法，将语言功能分为以下五类：

第一，指称功能，指语言符号与世界的关系，即语言如何指涉或描述现实世界或心理世界中的实体和事件。这一功能体现了语言的认知维度，是语言与客观现实相连接的桥梁。

第二，认知功能，涉及语言如何反映和塑造人的知识和思维方式。语言不仅是表达思想的工具，也是思维和认知过程的一部分。

第三，表达功能，关注语言如何表达说话人的情感、态度、意图和社会身份。这一功能体现了语言的主观维度，是语言个性和情感表达的载体。

第四，结构功能，指语言符号之间的相互关系，包括语法结构、语义结构和音韵结构等。这一功能体现了语言的系统性和规则性，是语言内部组织的基础。

第五，交际功能，涉及语言在人际交往中的作用，包括信息传递、情感交流、社会互动等。这一功能体现了语言的社会维度，是语言实现交际目的的关键。

新分类方法的理论依据在于符号学对语言交流三要素的分析，它强调了语言功能是多维度的，并且与语言交流的基本结构密切相关。这种分类方法不仅涵盖了传统的语言功能概念，还扩展了对语言功能的理解，特别是在认知和结构功能方面的探讨。在实践意义上，这种新分类方法为语言教学、翻译实践、语言规划等领域提供了新的视角和工具。例如，在语言教学中，教师可以根据指称功能、认知功能等不同的语言功能，设计多样化的教学活动，以培养学生的语言能力。在翻译实践中，译者需要关注原文的多种语言功能，并在译文中恰当地再现这些功能，以实现有效的跨文化交际。

此外，新分类方法还有助于我们理解和分析语言在不同社会文化背景下的使用和变化。通过研究不同语言或方言在指称功能、表达功能等方面的差异，我们可以更好地理解语言的多样性和动态性，以及语言与文化、社会身份等因素的关系。

第三节 功能语言学的研究范围和流派

一、功能语言学的研究范围

功能语言学作为一种语言学研究方法，着眼于语言的使用和功能，而非将语言孤立地视为一个封闭的系统。其核心任务在于描述语言的多种功能及其实现方式，并揭示这些功能如何决定语言形式的选择。功能语言学强调语言作为社会交往工具的本质，关注个体在社会环境中如何通过语言进行交际，以及在这一过程中语言功能的实现机制。

功能语言学的研究范围极为广泛，涉及语音学、语法学、语义学、语用学、社会语言学、心理语言学、语篇分析、文体学、修辞学及教学法等领域。

在语音学方面，功能语言学关注音位的功能实现，研究声音在交际中的功能和作用；在语法学方面，功能语言学探索句法结构与语义功能之间的关系，研究句法形式如何服务于特定的交际目的；在语义学方面，功能语言学分析词汇和句子的意义如何通过不同的语境和语用条件得以实现。在语用学领域，功能语言学强调语境对语言使用的影响，研究言语行为及其实现方式，揭示语言如何通过特定的语境和语用策略达到交际目的。

社会语言学作为功能语言学的一个重要分支，研究语言在不同社会环境中的使用方式，关注语言变体、语言接触及语言政策等问题，探讨社会因素如何影响语言使用和语言变迁。心理语言学则侧重于语言的认知功能，研究语言处理和语言习得的心理机制。功能语言学在这一领域关注语言如何反映和影响个体的认知过程，探讨语言使用对认知功能的促进作用。在语篇分析中，功能语言学研究语篇的组织和连贯性，分析语篇结构如何服务于交际功能，揭示不同语篇类型在功能上的差异及其实现方式。文体学和修辞学作为功能语言学的重要研究领域，探讨不同文体和修辞手段在实现交际功能中的作用。功能语言学研究各类文体的语言特征及其功能，揭示不同修辞策略如何通过语言实现特定的交际目的。在教学法方面，功能语言学强调语言教学应以语言的功能为导向，关注语言使用的实际需求和功能实现，提出基于功能的语言教学方法和策略，旨在提高语言教学的实用性和有效性。

功能语言学还涉及跨学科的研究，如社会语言学、心理语言学、认知语言学等领域中的功能主义研究。社会语言学关注语言与社会结构、社会互动的关系，研究语言如何反映和影响社会行为和社会关系；心理语言学探讨语言的认知功能，研究语言习得和语言处理的心理机制；认知语言学则从认知科学的视角研究语言，探讨语言与认知过程的关系，揭示语言在认知功能中的作用。

功能语言学的广泛应用不仅体现在语言学内部的各个领域，还体现在语言学与其他学科的交叉研究中。其研究方法和理论框架为其他学科提供了新的视角和方法，促进了跨学科研究的发展。功能语言学的研究不仅有助于深化对语言本质和功能的理解，也为语言教学、语言政策制定及其他实际应用提供了理论支持。

从狭义的角度来看，功能语言学等同于功能语法，关注语言单位功能的形式体现，特别是在语法领域中功能的实现方式。功能语法研究句法结构与语义功能的关系，揭示句法形式如何服务于特定的交际功能。这一研究方法强调语言形式的功能解释，注重语法规则在实现交际功能中的作用。

功能语言学在当代语言学研究中占据重要地位，其研究方法和理论框架为语言学研究提供了新的视角和方法。通过关注语言的功能实现和使用方式，功能语言学为深入理解语言的本质和功能提供了重要的理论支持。无论是从广义还是狭义的角度来看，功能语言学都为语言学研究的发展作出了重要贡献，其广泛的研究范围和深入的理论探讨对语言学的未来发展具有重要意义。

二、功能语言学的主要流派

（一）欧洲功能主义学派

1. 布拉格学派

布拉格语言学会自 1926 年成立以来，在语言学研究领域占据了重要地位，并逐渐形成了独具特色的理论体系。其理论原则在 1929 年国际斯拉夫学者代表大会和 1930 年国际音系学代表会议上得到了充分阐述，随后"布拉格学派"这一术语在语言学界逐渐流行。

布拉格学派的研究在 20 世纪 20 年代末至 30 年代间达到鼎盛，与各国学术界建立了广泛联系，并进行了多次学术交流。虽然有些学者并非学会成员，但他们的观点与布拉格学派接近，因此也对功能语言学的发展作出了重要贡献。布拉格学派的理论受到库尔德内和索绪尔的影响，与哥本哈根学派、美国结构主义学派有一定的相似之处，特别是在反对德国新语法学派的历史主义和分割主义方面。他们强调语言是一个系统，需从共时的角度进行研究，同时，他们将语言的结构与功能结合起来，认为语言的基本功能是作为交际工具，需从功能的角度研究语言。

布拉格学派认为，语言是一个为特定目的服务的功能系统，由多种表达手段构成。其研究方法注重语言的功能分析，特别是通过主位和述位的分析思想，探讨句子的语法和功能。主位指已知信息或明确的话语起点前的信息，而述位则是讲话者陈述的有关话语起点的内容。

在音系研究方面，布拉格学派以其对音系学的独特见解而著称。音系学被视为一门独立学科，通过对立关系原则研究语音单位的各种功能，特别是辨义功能。音系学的基本概念和方法，如正负对立和标记项理论，被广泛应用于语法和语义领域。对立关系的研究揭示了语音单位之间的相互关系和功能差异，为音系学的发展奠定了基础。在句子的功能分析方面，布拉格学派提出了"实际切分"理论，认为在语言交际中，表达通常以已知信息为出发点，进而传递新的信息。句子可切分为叙述出发点（主题）和叙述核心（述题），这种分析方法为话语语言学的发展奠定了基础。此外，布拉格学派还采用共时和功能观点，进行静态分析比较，揭示不同语言的特征，这种"语言特征学"理论对类型语言学和语言普遍现象的研究起到了重要推动作用。

布拉格学派对索绪尔和库尔德内理论的继承与发展，使其在结构主义语言学中占据领先地位。音系学的理论原则、基本概念和研究方法对语法学、词汇学、语义学产生了深远影响。他们的"实际切分"理论为话语语言学奠定了基础，分析比较法对类型语言学和语言普遍现象的研究起到了推动作用，定量分析法为数理语言学的形成准备了条件，语言结构的研究为机器翻译的产生提供了重要前提。

布拉格学派的影响不仅限于其理论和研究方法的创新，还体现在对语言学其他领域的推动上。1976 年，法国成立了以马丁内为首的国际功能语言学协会，旨在发展布拉格学派的基本思想，这一组织的成立标志着布拉格学派理论在国际语言学界的广泛认可和持续影响。布拉格学派通过其独特的理论视角和研究方法，为语言学研究提供了丰富的理论资源和实用的研究工具，其贡献在语言学史上具有重要的地位和意义。

2. 哥本哈根学派

哥本哈根学派在语言学领域内占有重要地位，其创始人叶尔姆斯列夫 [①] 为该学派的形成和发展奠定了坚实基础。该学派继承并发扬了索绪尔的结构主义思想，运用演绎方法分析语言结构，试图建立一种能够适用于各种语言分析的抽象理论。

叶尔姆斯列夫的理论核心是语言形式的优先性。他强调，语言是由关系构成

---

① 叶尔姆斯列夫，丹麦语言学家。哥本哈根学派的创始人和主要理论家。

的网络，而不是独立实体的集合。这种观点与索绪尔的"语言是形式，而不是实质"的理论相一致。叶尔姆斯列夫认为，语言的整体与部分之间存在依存关系，整体受其部分的综合所规定，每一部分又受其与其他部分、与整体及更小部分之间的关系的综合所规定。因此，语言的内在结构是一个由各级要素共同构成的关系网络。

在叶尔姆斯列夫的理论框架中，语言被切分为"序列"和"系统"。序列指词、短语、句子等形式结构，包含内容平面和表达平面。序列的成分之间、系统的大类、小类、要素之间都存在一定的关系，这些关系分为两种：常体和变体。常体是不受其他价值制约的关系，变体则受其他价值制约。进一步，关系分为相依、决定和群集三种类型：相依是指两个常体之间的关系，决定是一个常体与一个变体之间的关系，群集则是两个变体之间的关系。这三种类型的关系构成了语言中的全部关系，使得语言成为一套形式要素关系的综合。

哥本哈根学派的理论还涉及语言的符号性质。叶尔姆斯列夫从哲学和逻辑学角度阐述了语言学的理论性问题，明确提出语言是符号的集合。这一观点奠定了哥本哈根学派的理论基础。语言的符号性质不仅体现为声音和意义的结合，还包含了表达平面和内容平面之间的关系。这种抽象的符号学视角试图实现人文学科与精密科学的结合，使语言学研究具有更高的科学性和系统性。

叶尔姆斯列夫的语符学理论虽然抽象且术语独特，但其对语言学的贡献不容忽视。该理论强调语言内部结构的关系网络，通过对要素和关系的分析，提供了新的语言研究方法。尽管哥本哈根学派在叶尔姆斯列夫逝世后逐渐衰落，但其理论对后来的语言学研究产生了深远影响，特别是对功能语言学的奠基者韩礼德产生了重要启发。

3. 伦敦学派

伦敦学派作为现代语言学的重要流派之一，其创始人弗斯在20世纪早期奠定了该学派的理论基础。伦敦学派的语言学思想主要源自马林诺夫斯基[①]的"情景意义"理论，并在弗斯的"情景语境"理论中得到了深化和发展。韩礼德的系统功能语法理论则进一步扩展了伦敦学派的影响。

---

① 勃洛尼斯拉夫·马林诺夫斯基（1884年4月7日—1942年5月16日），英国社会人类学家、功能学派创始人之一。

马林诺夫斯基的"情景意义"思想为伦敦学派奠定了基础。他强调语言的功能性，认为语言的意义必须结合具体的语境进行理解。马林诺夫斯基的观点认为，语言不仅是词汇和语法的集合，更是社会文化环境的一部分。他通过对土著文化的研究，指出语言在组织社会生活中的重要作用。土著人使用语言不仅仅是为了传递信息，还包含寒暄、实用和巫术等功能，这些功能都依赖于特定的情景语境。因此，马林诺夫斯基的研究强调了语言与其使用环境之间的紧密联系。

弗斯作为伦敦学派的核心人物，他的"情景语境"理论是对马林诺夫斯基思想的进一步发展。弗斯认为，语言应被视为社会过程的一部分，而不是孤立的符号系统。他提出，意义不仅与具体的声音和形象有关，更深深植根于社会活动中。弗斯强调语言研究的目标应是分析话语的意义，并将话语置于真实的语境中进行考察。他还提出了情景语境的具体框架，包括参与者的特征、相关事物以及言语活动的影响。

在弗斯的学术生涯中，他推动了语言研究与社会文化环境的结合。他认为，语言学的中心任务是研究意义和语境，并强调应对语言进行功能性的和社会学的方法分析。弗斯提倡语言学的独立性，同时也强调语言学与知识发展史、文化发展史的密切关系。他提出了通过语境和背景来寻求语言意义的研究方法，并发展了"音韵分析"的模式，强调语言研究不能脱离意义分析。

弗斯的学说在四个方面具有重要影响：一是强调语言研究的中心应是意义和语境；二是呼吁英国语言学家讨论语言学史；三是倡导音系学研究，特别是"音韵分析"模式的推广；四是推动印度和南亚语言的研究与描写。他认为，语言学的主要目标是分析话语的意义，并通过情景语境的具体框架来实现这一目标。这种方法不仅扩展了马林诺夫斯基的语境理论，还制定了具体的分析框架。

弗斯还提出了语言研究中不应区分语言和言语，而应区分"结构"和"系统"的观点。结构指的是句法成分的内部关系，而系统则是这些成分的聚合关系。他的学生后来发展了系统语法，将"系统"定义为聚合关系，并将这一理论进一步应用于语言学研究中。弗斯认为，语言是人类活动的一部分，语言学家应研究语言活动本身，这一观点使得英国的主流语言学家走上了功能主义和社会学的道路。

弗斯的理论虽然在他生前已经取得了一定的影响，但由于他去世较早，许多具体的研究实例并未得到充分展开。韩礼德作为弗斯的继承者，进一步发展了伦敦学派的理论。他在弗斯的"情景语境"理论基础上提出了"语域"或"语言环境"理论，从社会学角度研究语言，提出了语言学中的社会符号学。此外，韩礼德将弗斯的"语言、语境统一结构关系"发展为系统功能语言学，提出了一系列统一"系统"中的范畴，认为语言与典型的社会情境密切相关，语言行为是个体与社会环境之间的交互作用。

（二）系统功能语言学派

系统功能语言学派源自伦敦学派培养的一批年轻学者，包括格莱戈里、斯宾塞、赫德逊、赫德尔斯顿和韩礼德等，这些学者在学术上形成了系统功能语言学的基础理论。目前，该学派在全球范围内有着广泛的影响和活跃的研究者群体，包括英国的贝利、伯特勒、福塞特、特纳；澳大利亚的哈桑、麦西逊、马丁；加拿大的班森、格里夫斯；以及美国的弗里斯和曼恩等。

系统功能语言学派的发展不仅在理论构建上取得了显著成就，还通过国际会议和学术刊物的交流平台，促进了全球范围内的研究合作和理论交流。这一学派的跨学科性质和理论开放性，为当代语言学研究提供了丰富的思想资源和方法论框架，对语言研究的发展具有深远的影响和重要的参考价值。

系统功能语言学源自韩礼德的语法理论，强调语言作为社会符号的功能和作用。韩礼德的学术背景和早期教育经历，特别是在中国的学习经历，深刻影响了他对语言和文化关系的理解。他将语言视作社会文化背景中的符号系统，强调语言在社会互动和意义表达中的重要性。这种观点不仅仅是语言学上的理论构建，更是对社会学和文化研究的跨学科贡献。

"系统功能语言学是以解决社会中遇到的语言实际问题为目标的适用性语言学理论，能够有层次、有系统和全面地描写和解释运用中的低调陈述。"[①] 系统功能语言学的发展历程展示了其从早期的新弗斯语言学派逐步演化成为功能语法和系统语法的统一理论体系。这一理论框架强调语言结构与功能的紧密关系，认为语言不仅是交流工具，更是文化认同和社会结构的体现。韩礼德通过系统功能语法的建构，不仅仅在理论上解决了语言结构和功能之间的关系，还为后来的语言学研究提供了方法论的指导和实践的基础。

语言作为社会符号的观念，不仅限于其在语境中的表达功能，还包括了其在

---

① 鞠红. 系统功能语言学视域下的低调陈述修辞研究 [J]. 安徽大学学报（哲学社会科学版），2020，44（6）：72-79.

文化和社会系统中的角色和影响。这种"双重功能"的理解，使得语言的意义表达和符号化具有多样性和灵活性，从而反映了社会多样性和文化动态的复杂性。系统功能语言学在全球范围内的推广和应用，促进了语言研究与社会科学领域的交叉互动，为理解和解释语言现象提供了丰富的理论视角和实证研究的支持。

系统功能语言学的发展不仅在学术界产生了深远影响，也在教育实践、语言政策和跨文化交流中发挥着重要作用。其理论和方法的应用不断推动着语言学的进步和社会文化的交流，为当代语言研究提供了重要的参考和借鉴。

在系统功能语言学中，能体现韩礼德的语言与社会文化关系的理论和方法具体有以下方面：

1. 系统

在系统功能语言学的理论框架中，系统的概念被赋予了重要的地位。传统的语言学观点中，语言结构被视作一种静态的、内在的组合关系，而系统功能语言学则通过韩礼德的贡献，将语言视作一种动态的、外部的符号资源。这一转变强调了系统性在语言分析中的首要性，即语言结构的理解应当从其功能和选择性出发。

韩礼德认为，语言的描写不应仅限于其句法结构的组合，而是应将其视作一种符号资源的系统。这意味着，语言的运用和理解不仅仅是对语法规则的机械应用，更涉及到在特定语境下所作的选择和意义的表达。这种系统性的观点不仅拓展了语言学的范畴，也深化了对语言功能和社会文化背景的理解。

与此同时，韩礼德的贡献还在于明确了索绪尔所提出的聚合关系和组合关系之间的关系。在他的理论中，聚合关系被看作是语言结构的基础，是语言表达的第一性特征。而组合关系则是在特定选择和语境条件下形成的结果，是语言实际运用中的第二性属性。这种理论观点使得对语言结构和功能的分析更加动态和多样化，不再局限于语法形式的抽象分类，而是注重语言在实际使用中的生动表现和社会意义的体现。

2. 语境

在语言学中，语境是一项关键概念，其重要性早已被马林诺夫斯基和弗斯等伦敦学派成员所认可。然而，韩礼德在系统功能语言学中对语境的进一步探讨，使得我们对语言使用背后的复杂动态有了更深刻的理解。

韩礼德强调语言存在于多种语境之中，如会场、教室和语篇等，这些环境不仅是语言交际的背景，也决定了意义的表达和理解方式。语境不仅限于语法结构的应用，而是涉及到社会和文化背景的复杂交互作用。这一观点挑战了传统语法学对语言的静态理解，认为语言不仅仅是句子的结构化组合，更是社会实践中意义交换的载体。

韩礼德对"情景语境"的理论加以阐明，将其视为社会环境之间有规律的关系，并且在功能上对语言进行组织。这种观点强调了语境在语言交际中的动态作用，指出语境不仅仅是语言使用的背景，更是语言意义生成和解释的重要依据。通过分解语境为语场、语旨和语式三个层面，韩礼德进一步揭示了语境在不同交际情境下的多重功能和表达方式。

语场作为语境的一个重要组成部分，指涉语言使用时所涉及的话题内容和活动背景。它具体描述了参与者在特定语言实践中所从事的具体活动，从而确定了语境对语言意义产生影响的方式。语旨则关注于语言使用者的社会角色和相互关系，以及其交际意图，这些因素决定了语言交际中的权力关系、社会地位和交际目的。最后，语式则强调了语言交际过程中所采用的具体信道、语篇的符号结构和修辞策略，这些元素共同构成了语境下语言实践的复杂性和多样性。

3. 功能

在系统功能语言学中，功能被视为语言的核心属性之一，韩礼德在其理论体系中详细探讨了语言的三个元功能及其在语言使用中的体现。

（1）概念元功能。在韩礼德的理论中被定义为语言表达对主客观世界中事物和过程的反映。这一功能范畴下，语言通过及物性、归一度和语态等语法和语义结构，呈现出对客观现实的描绘和表达。及物性指的是语言如何表达参与者、过程和环境之间的关系，是语言如何构建描述性和动作性的句子的关键。归一度则体现了语言如何表达肯定和否定的情态，即语言如何在表达中明确事件或情况的真实性或虚拟性。语态则决定了语言中动作的主动与被动，从而影响了信息的传达方式和语言的表达效果。

（2）人际元功能。突出了语言作为社会交往工具的重要性。这一功能范畴强调了语言如何反映和构建人与人之间的关系和社会互动。语气、情态、语调等成分在语言交际中扮演了关键角色，它们不仅影响了语言表达的方式和风格，还决定了语言使用者在交际中的态度和意图。语气反映了话语的情感色彩和情绪态度，情态则决定了语言使用者对事件发生可能性的判断和态度，而语调则使语言在表达中显得更富表现力和感染力。

（3）语篇元功能。将前两种功能整合并转化为连贯的语篇。语篇功能使语言成为在特定语境和目的下有效传递信息和意义的工具。它要求语言使用者将概念元功能和人际元功能有效地组织和结构化，形成符合语境要求的语篇结构。新信息和已知信息的管理成为了语篇构建中的重要策略，确保语言表达的流畅性和信息的传递效果。

4. 语篇

在语言学研究中，语篇作为理解和分析语言的基本单位，其重要性在系统功能语言学理论中得到了深刻阐释。

韩礼德于1978年首次提出，语言的基本构成单位不是孤立的句子，而是由多个句子组成的语篇或话语。语篇与句子不同，它不仅仅是一系列语法结构的简单堆积，更是一种具有连贯性和完整性的交流单位。通过语篇，语言使用者能够在特定的语境和交际目的下有效地传递信息、表达意义，并在交流中达成共识和理解。因此，语篇不仅仅是语法和词汇的组合，更是语言实际运用中的载体和表现形式。

韩礼德在1983年的进一步思考中强调了语言学家必须综合考虑语言与语篇的关系。他指出，单纯地描写语言结构和规则，而忽略语篇的实际运用和功能，是无法全面理解语言的。语言学研究的目的不仅在于分析语法规则和语义含义，更在于理解语言如何在社会交往中发挥作用，如何通过语篇实现信息的传递和交流。因此，语篇不仅是语言形式的展示，更是语言功能的实现和社会交往的载体。

进一步来看，语篇的功能主要体现在这些方面：首先，信息的组织和表达。语篇通过其结构和布局，有效地组织和展示信息，使得信息传递更为清晰和连贯。例如，语篇中的主位和述位的分布，决定了信息的重心和衔接点，从而影响了信息在语境中的接受和理解。其次，语篇在交际中扮演了调节和适应语境的角色。语篇不仅仅是静态的文本，更是动态的交流过程。通过语篇，语言使用者能够根据交际情境和对话对象的需求，灵活调整语言的表达方式和语调的选择，以达到最佳的交流效果和理解效果。例如，在不同的语境中，语篇的结构和语言风格可能会有所变化，以适应不同的交际需求和目的。

5. 语域

在系统功能语言学中，语域理论被视为一项重要的概念，不同于简单的方言变异，它更深入地解释了语言在不同社会活动中的变异现象和其与语境的互动关系。

语域理论强调语言使用者在特定的社会环境和语境下，如何适应和调整其语言表达方式以及所使用的语言风格。语域不仅包括地理方言的变异，更涉及到社会结构、文化差异、交际角色等多种因素的综合影响。这些因素共同作用，决定了语言使用者在不同语境下表达意义和交流信息的方式。语域理论认为，语境的变量对语言使用有着深远的影响。语场、语旨和语式三者构成了语境的理论基础，这些概念为理解语域提供了框架和分类标准。语场指的是语言使用时所涉及的特定话题领域和相关活动；语旨则关注语言使用者的社会角色、关系及其交际意图；而语式则涉及到语言的表达方式、符号构成和修辞风格。这些元素共同构成了语境的多维度结构，为语域研究提供了理论基础和实证分析的依据。

进一步来看，语域理论对于理解语言使用中的多样性和变异现象具有重要意义。通过对语境的细致分析和分类，研究者能够揭示不同社会层级、文化群体以及交际场合中语言使用的规律和特点。例如，在正式会议和非正式社交场合，语言的使用方式可能存在显著差异，这些差异不仅反映了社会结构的多样性，也反映了语言功能在不同情境下的适应性和灵活性。

此外，语域理论还强调了语言使用者在特定语境下对语言变量的预见和调节能力。通过对语境因素的敏感度和理解，语言使用者能够更准确地选择和调整语言的表达方式，以确保其言语行为与所处环境相契合。这种预见性和适应性不仅促进了有效的交际和信息传递，也加强了语言使用者在社会互动中的有效参与和影响力。

6. 语言习得

语言习得作为系统功能语言学中的重要议题，由韩礼德深入探讨并赋予其理论框架，提供了对语言发展和使用的深刻理解。

韩礼德对语言习得进行了系统功能主义的解释，强调了语言习得作为人类通过自然过程学得语言表达能力的方法。这一理论观点与乔姆斯基的语言习得装置理论有所不同，后者更加偏重语言能力的生物学基础和普遍性，而韩礼德则将语言习得置于社会功能和语言使用的背景下，强调语言习得是人类通过交往和实践学习语言的功能性过程。

韩礼德早期的研究集中于儿童如何习得其母语中的各种功能。他观察到，婴儿从爬行开始，逐渐建立起时空的概念，这一认知能力为后续语言习得打下了基础。具体而言，儿童通过与周围环境的互动，逐步掌握语言中的语音、词汇和语法结构，进而能够表达和交流各种意义。这种习得过程不仅是生理发展的结果，更是社会文化环境影响下的认知成长和语言能力的发展。

进一步探讨语言习得的方法论，韩礼德强调了功能性习得的重要性。他认为，语言习得不仅仅是被动接收语言输入的过程，更涉及到如何有效地运用语言来完成特定的交际功能。这种方法论指导下的语言习得，强调了语言在社会交往中的功能性用途，例如表达思想、传递情感、协调行动等。因此，语言习得不仅包括了语法规则的学习，更重要的是能力的实践和应用。

在语言学研究中，语言习得的理论对于理解语言发展的本质和规律具有重要的参考价值。通过对儿童语言习得过程的观察和实证研究，研究者们能够揭示语言能力的发展轨迹、习得语言功能的顺序和其背后的认知机制。这不仅有助于提高语言教育的效果，还为语言障碍和发展异常等领域的研究提供了理论支持和干预策略。

7．认知

韩礼德在1967年的早期作品中提出了及物性与认知内容选择的关系。他将及物性视作一种语言功能，通过选择性地表达语言外部经验来构建意义。这种选择性不仅反映了个体对外部世界的认知模式，也体现了语言如何在表达中过滤和组织认知信息。换言之，及物性作为语言的功能性组成部分，不仅仅是简单的语法结构，更是认知加工和表达的方式。

韩礼德进一步探讨了意义在语义系统中的多层次表达。除了认知层面外，他强调了意义的社会性和美学性。这种多维度的意义构建反映了语言在社会互动中的角色，即语言不仅仅是信息传递的工具，更是社会交往和文化传承的载体。因此，从认知到社会再到美学，意义的表达涵盖了多种复杂的语言功能和文化意涵。

意义的识别和理解是社会主体之间相互作用的过程。这一过程不仅仅发生在语言的表面结构之中，更涉及到语言使用者如何通过语言来共享和塑造社会现实。语言的理解不仅仅是个体认知的结果，也是社会交往中知识、信念和情感的交流方式。

在语言学研究中，认知的角度为理解语言的结构和功能提供了重要的理论支持。通过分析及物性与意义构建的关系，研究者能够深入探讨语言如何反映和塑造人类的认知过程。这种理论视角不仅拓展了语言学的研究范式，也为教育、心理学及跨学科领域的研究提供了新的理论视角和方法论基础。

8．适用语言学

近年来，韩礼德提出的"适用语言学"概念，标志着语言学领域对语义发生的全新探索。适用语言学的核心在于以"社会理据"为基础，旨在解释和描写语义如何在特定社会语境中产生和演变。

适用语言学强调了语义系统作为一种功能导向的意义潜势。这意味着语义不仅仅是静态的语言结构，更是随着社会实践和交流而动态生成和演化的。从社会语言学的视角来看，语义系统不再是简单的词汇和句法规则的集合，而是一种响应社会背景和语境的复杂网络，包括概念性和人际性意义成分的交织。适用语言学关注语义系统如何为语言使用者提供选择的网络。这种选择不仅限于语言内部的结构，还涉及到外部符号系统和社会情境的互动。例如，语义如何根据特定社会环境中的语用需求而调整，从而实现语言交流的有效性和适应性。因此，适用语言学的理论框架为理解语义生成和语言功能提供了更为广阔的视野和分析工具。

第二章　机器翻译技术的演进与发展

第一节　机器翻译的发展历程与产业需求

语言是人类沟通交流的核心工具，也是区分人类与其他动物的本质特征之一。语言与文字的出现，显著提升了人类的沟通效率与想象空间，从而有力推动了人类文明的进步。语言赋予人类集体想象的能力，使人们能够构建共同的信念体系，并进行大规模的团结与合作。在漫长的人类进化和社会发展历程中，语言的不断演变是一个不争的事实。不同的种族、文化和地域孕育出了丰富多样的语言。目前，世界上存在着数千种语言，然而，其中一些濒危语言的使用者甚至不足百人。这些多样化的语言如同人类文明长河中熠熠生辉的珍珠，与灿烂多彩的文明相伴相生，共同融合发展。同时，不同语言间存在的鸿沟也给人们的交流带来了巨大的障碍。

随着全球化进程的加速推进，国际间的交流变得日益密切和频繁。计算机网络将现实世界与虚拟世界紧密相连，信息呈现井喷式的爆发增长。人们的交流突破了时空的限制，因此迫切需要实现高效、跨语言的沟通与协作。

机器翻译作为突破语言屏障的核心技术，简而言之，是一门研究如何利用计算机技术实现不同语言间翻译的学科。随着社会的不断进步、互联网的广泛普及以及人工智能技术的飞速发展，机器翻译取得了显著且令人瞩目的成就。它经历了从基于规则的方法、基于统计的方法到基于神经网络的方法等主要技术范式的演变，翻译质量得到了持续提升，应用场景也在不断拓展。如今，机器翻译已在多个领域实现了实用化，广泛应用于外语学习、跨境商务、旅游等多个场景。

近年来，结合计算机视觉、语音处理等技术的跨模态翻译也取得了迅速进展，例如图文翻译、机器同声传译等，这些技术已经开始服务于人们的生产和生活。

可以说，随着机器翻译技术的不断进步以及翻译质量的持续提升，机器翻译已经发展到了大规模产业化应用阶段，在促进跨语言的文化、经济、政治交流等方面扮演着越来越重要的角色。

一、机器翻译的发展演变

机器翻译作为自然语言处理领域最早且最具代表性的应用技术之一，其研究涵盖了语言学、计算机科学、认知科学以及信息论等多门学科，展现出极高的复杂性和挑战性。自其诞生之初，机器翻译便以其独特的科学魅力吸引着众多研究者。历经多年的发展，伴随着技术的不断创新和社会的持续进步，机器翻译走过了一段既充满坎坷又成就非凡的历程。

在机器翻译研究的早期阶段，其主要服务于国防军事领域。通过利用计算机进行自动翻译，可以显著提高获取多语言信息的效率，为军事行动和情报分析提供有力支持。

随着语言学理论的不断发展、计算机算力的显著提升以及各国之间交流的日益频繁，机器翻译在技术和应用层面均获得了强大的驱动力，迎来了新的发展机遇。20 世纪 90 年代以后，世界格局发生了重大变化，各国之间逐渐摒弃对抗，转而寻求共赢的合作机会。双边、多边合作关系逐渐升温，全球化进程空前加速。在这一背景下，机器翻译也进入了新的发展高潮。基于大规模数据训练的统计机器翻译逐渐成为主流技术，使得翻译质量得到了大幅提升。

1993 年，欧盟正式成立，并随着其不断壮大，欧盟的官方和工作语种数量也随之增加，这给语言翻译带来了巨大的挑战。然而，这也同时意味着巨大的市场需求。为了应对这一挑战并满足市场需求，欧盟框架计划投入巨额资金开展机器翻译研究，以期在机器翻译领域取得突破性的进展。

机器翻译在实时获取多语言情报方面展现出了巨大的作用。随着信息时代的到来，各国在网络空间的竞争日益激烈。面对海量且多样化的多语言数据，仅依靠人工翻译显然无法满足需求，因为人工翻译不仅成本高昂，效率低下，还无法保证实时性。此外，对于军事、政治等敏感领域的翻译系统而言，信息安全更是至关重要。因此，研发自主可控的机器翻译系统具有深远的战略意义。

技术的飞速发展带来了新的变革，2014 年左右基于深度学习的神经网络机器翻译开始逐渐兴起。在此之前，统计机器翻译经过多年的快速发展，已经步入了一个相对稳定的平台期，在译文准确度、流畅度等核心问题上很难再有显著的突破。而神经网络机器翻译并非仅仅是对统计机器翻译的修补或改进，它从基本方法上进行了根本性的革新。通过建立神经网络模型，对原文进行深入的分析和理解，并在充分利用上下文信息的基础上生成译文。这种神经网络翻译模型模拟了人类翻译的过程，使得翻译质量实现了大幅跃升，展现出了强大的潜力和优势。很快，神经网络机器翻译就超越了统计机器翻译，成为主流的方法。受到这一技术进步的鼓舞，互联网巨头公司、语言服务公司等纷纷投入巨大的力量来研发神经网络机器翻译系统，同时，机器翻译的创业公司也如雨后春笋般不断涌现。这标志着机器翻译迈入了一个新的发展时期。

随着社会与经济的蓬勃发展，个人对于翻译的需求也呈现出急剧增长的趋势。外语学习、出国旅游、跨境购物等多元化、国际化的活动已经逐渐成为人们生活中不可或缺的重要组成部分。互联网的广泛普及和迅猛发展，使得人们能够实时地获取来自世界各地的最新资讯，轻松跨越地域限制，与不同国家、不同文化背景的人建立友谊，进行深入的交流与互动。旅游目的地的选择也愈发多样化，覆盖了全球大部分国家和地区，这无疑导致了对于多语种翻译需求的急剧上升。人们渴望在旅途中能够无障碍地沟通，深入了解当地的文化与风土人情。

与此同时，智能手机、平板电脑等移动设备的广泛普及和功能的不断升级，为机器翻译的发展提供了强大的技术支持。这些便携式的智能设备使得人们可以方便地将机器翻译系统随身携带，无论身处何地，都能随时获得准确的翻译结果。这种便捷性使得机器翻译犹如一位贴身的翻译专家，随时随地为人们提供高效、准确的翻译服务，极大地满足了人们在语言沟通方面的需求。这一趋势也引起了语言服务行业的广泛关注。越来越多的语言服务公司开始接纳并使用机器翻译技术，以提高工作效率，降低运营成本。他们利用机器翻译的快速、准确的特点，为客户提供更加便捷、高效的语言服务。这不仅提升了公司的竞争力，也进一步推动了机器翻译技术的发展和应用。

随着中国综合国力的持续增强，其在世界舞台上的话语权不断得到提升，在国际社会中扮演着愈发重要的角色。随之而来的是，中文在世界话语体系中的地位也逐步凸显，其影响力日益增强。这一趋势导致了对多语言翻译需求的急剧增加，以适应国际交流的广泛需求。在国际话语体系的建设过程中，机器翻译作为语言互通的重要桥梁，将进一步发挥其独特的作用。它不仅能够促进不同语言之间的顺畅沟通，还能够助力国际传播能力的建设，推动中国声音更好地走向世界，增强国际影响力。

二、机器翻译的发展特点

当前，机器翻译在多个关键维度上均实现了显著的飞跃与突破，这包括翻译质量的提升、系统性能的增强、实用性的拓展以及规模化应用的推进。整体而言，机器翻译领域正展现出一幅百花齐放、满园春色的蓬勃发展新画卷，其在产业中的应用也呈现出一派欣欣向荣的繁荣景象。

第一，机器翻译已经迈入了以神经网络机器翻译为主流方法的新时代。近年来，机器翻译的迅速进步与深度学习技术的不断革新与突破紧密相连。得益于这一技术浪潮的推动，神经网络机器翻译得以迅速茁壮成长，并步入了发展的快车道。它充分利用了深度神经网络模型在语义理解和表示方面的独特优势，同时结合大数据、大算力的有力支持，使得神经网络机器翻译在译文质量上实现了大幅跃升。在短短几年内，它就成功完成了对统计机器翻译的超越和替换，这一里程碑式的成就标志着机器翻译已经迈入了一个全新的发展阶段。这一系列的进步与发展，无疑为机器翻译的未来奠定了坚实的基础，并为其在更广泛领域的应用开辟了广阔的前景。

第二，翻译模式已经实现了从单一文本翻译到跨模态翻译的显著扩展。传统上，机器翻译的应用范围主要局限于纯文本翻译，即输入一段文字后，输出相应的译文。然而，随着智能设备的迅速普及，翻译需求和场景呈现出日益多样化的趋势。与此同时，人工智能技术在图像、语音等领域的显著进步为跨模态翻译提供了坚实的技术支持。例如，结合图像技术的拍照翻译和增强现实翻译，已被广泛应用于票据翻译、商品翻译、外语学习等多种场景，极大地提升了用户体验；而结合语音技术的语音翻译，则使得输入过程更加便捷高效，广泛适用于出国旅游、日常会话、会议演讲等多种场合。

此外，文档翻译的需求也日益旺盛。与纯文本相比，文档中包含了更为丰富的格式信息和内容，如字体、颜色、表格、公式、图形等。在进行文档翻译时，系统需要对这些复杂的格式信息进行精确解析，并在翻译完成后进行准确回填，以确保翻译后的文档在内容和格式上与原文保持一致。这一特性在翻译手册、合同、报表等文档时显得尤为重要，可以极大地提升翻译效率。

第三，机器翻译的翻译质量得到了显著提升，同时研发门槛的降低也使其进入了规模化应用的新阶段。翻译质量一直是衡量机器翻译性能的核心指标，而神经网络机器翻译技术的出现，为翻译质量带来了前所未有的大幅提升，在许多领域已经达到了实用的程度。无论是在新闻、学术文献还是口语等多样化的领域和场景中，经过大规模高质量语料库训练的机器翻译系统，其译文的准确度已经能够达到90%以上，这一显著进步无疑为机器翻译的广泛应用奠定了坚实基础。

得益于翻译质量的提升，高质量机器翻译也赢得了语言服务公司和专业译员的广泛青睐。他们纷纷采用机器翻译技术以提高翻译效率，从而满足日益增长的市场需求。在这一背景下，受技术进步、市场需求等多种因素的共同推动，国内外公司对于研发大规模翻译系统的热情空前高涨，均不惜投入巨大力量进行技术研发。

特别值得一提的是，国内公司在机器翻译系统的技术研发方面展现出了强大的竞争力。他们凭借出色的技术实力，多次在国际机器翻译系统评测中脱颖而出，夺得桂冠。而这些先进技术通过开源开放平台的共享，使得更多的研发者能够充分享受已有的技术成果，站在巨人的肩膀上进一步研发新的技术。如今，只要有足够的数据，研发者就可以迅速利用开源平台搭建出一个性能不俗的翻译系统，这使得机器翻译的研发门槛大幅降低，为机器翻译的普及和应用开辟了更加广阔的道路。

机器翻译自其诞生以来，已经取得了令人瞩目的显著成果，并在实际应用中发挥着愈发重要的作用。然而，我们也需要保持客观的态度来看待这一领域的发展现状。事实上，机器翻译还远未达到人们所期望的理想目标，仍有许多挑战和难题亟待解决。

神经网络机器翻译作为当前的主流技术，虽然取得了显著进步，但其工作原理和人脑工作机理的相似程度，人们至今无法给出清晰合理的解释。此外，数据驱动的翻译方法虽然在一定程度上提高了翻译质量，但这种方法严重依赖于大量数据。对于资源稀缺的语言和领域，机器翻译面临着严重的数据稀疏问题，这限制了其在这些领域的应用和发展。如何在神经网络中有效地引入知识，以提升机器翻译的性能和适应性，是当前研究的一个重要方向。然而，这一问题的解决仍需要深入地研究和探索。另外，由于当前机器翻译系统缺乏对语言的充分理解，其鲁棒性还有待进一步提升。在实际应用中，我们常常发现，句子在表达意思不变的情况下稍微做一些改动，就可能导致整个译文发生很大的变化，这严重影响了机器翻译的准确性和可靠性。

因此，在未来的发展道路上，机器翻译还有很长的路要走。需要继续深入研究机器翻译的相关技术和方法，不断推动这一领域的发展和创新，以期实现更加准确、高效、鲁棒的机器翻译系统。

三、机器翻译发展中的代表性方法

在多年的发展历程中，机器翻译技术一直在寻求突破和变革，在不同的发展阶段都涌现出一大批优秀的方法。这些方法的演进与所处历史时期的社会发展情况、整体技术水平、数据量大小、算力能力等因素密不可分。以下阐述有代表性的三种方法，分别是基于规则的机器翻译、统计机器翻译以及近年来兴起并占据主流的神经网络机器翻译。

（一）基于规则的机器翻译

自机器翻译的设想被提出以来，直至 20 世纪 80 年代，基于规则的翻译方法一直占据着主导地位。该方法的核心思想是，人类专家通过深入研究和总结翻译知识，将其提炼成一系列的翻译规则。这些规则涵盖了语言的语法结构、词汇对应关系、语义转换等多个层面，构成了机器翻译系统的基石。随后，计算机根据这些预设的规则执行相应的指令，通过匹配源语言与目标语言的规则，实现源文本到目标文本的转换，从而完成翻译任务。在这一时期，由于既没有大规模的数据积累作为支撑，也缺乏强大的算力支持，研究条件可谓相当艰苦。然而，正是在这样的环境下，基于规则的翻译方法却成功地打开了机器翻译从理论设想走向实践应用的大门，为后续的机器翻译研究奠定了坚实的基础。

尽管基于规则的方法在某些方面可能显得不再那么先进，但它在机器翻译研究领域的意义仍然重大。它不仅为机器翻译的初步实践提供了有力的支持，使得机器翻译从理论构想转变为实际可行的系统，还将机器翻译的设想向前推进了一大步，使其逐渐走向实际系统的研发。更为重要的是，即便在当今这个技术日新月异的时代，基于规则的方法仍然有许多值得借鉴和学习的地方。它经常与其他先进的翻译方法相结合，如统计机器翻译和神经网络机器翻译，共同在实际系统中发挥着不可或缺的作用。基于规则的机器翻译系统通过明确的规则定义，能够提供高质量的翻译输出，特别是在处理具有明确语法结构和固定表达方式的文本时表现出色。因此可以说，基于规则的机器翻译不仅是机器翻译发展历程中的一个重要里程碑，也是推动机器翻译技术不断进步的重要力量之一。

20世纪70年代，乔姆斯基的语言学理论逐渐受到了广泛的关注和研究，并被学术界普遍接受。这一理论强调了语言的层次结构和生成机制，为基于规则的机器翻译提供了坚实的理论支持。乔姆斯基的理论指出，语言是由一系列规则和原则构成的生成系统，而翻译则是将源语言的生成规则转换为目标语言的生成规则的过程。这一观点为机器翻译研究提供了新的思路和方法，推动了机器翻译技术的进一步发展。基于乔姆斯基的理论，研究者们开始致力于构建更加精细和完善的翻译规则体系，以提高机器翻译的准确性和效率。

然而，随着机器翻译应用规模的不断增长，基于规则的方法所固有的瓶颈也逐渐凸显出来。

一方面，随着翻译规则的不断增加，规则之间的冲突问题也日益加剧。在实际应用中，为了解决某个特定的问题，往往需要引入新的规则。然而，这些新规则的加入却可能引发更多的问题，如规则之间的不一致性、冗余性或者相互矛盾等。进而需要引入更多的规则来进行修正和补充，形成了一种恶性循环。这种恶性循环不仅增加了系统的复杂性，还降低了翻译的准确性，使得机器翻译系统的维护和更新变得异常困难。

另一方面，人工总结翻译规则的过程成本高昂且周期长。由于不同语言之间的语法、词汇和表达方式等存在显著的差异，因此人工总结规则需要投入大量的时间和精力。语言学家和翻译专家需要对源语言和目标语言进行深入的研究和分析，提取出两者之间的对应关系和转换规则。这一过程不仅需要深厚的语言学知识，还需要大量的实践经验和语言感知能力。这使得基于规则的机器翻译难以实现语种的快速扩展，无法满足多语言翻译的需求。在实际应用中，这种局限性严重制约了机器翻译技术的广泛应用和发展。尤其是在处理语言差异较大或者语言资源匮乏的语种时，基于规则的机器翻译更是显得力不从心。

因此，尽管基于规则的机器翻译在机器翻译发展历程中扮演了重要角色，并取得了显著的成果，但其固有的局限性也逐渐暴露出来。为了克服这些局限性，研究者们开始探索新的机器翻译方法和技术。20世纪80年代末至90年代初，统计机器翻译走上历史舞台，这一方法的出现为机器翻译技术的发展开辟了新的道路，也进一步推动了机器翻译技术的广泛应用和进步。

（二）统计机器翻译

20 世纪 80 年代末期，语音识别领域的先驱弗莱德里克·贾里尼克与其同事们开创了统计机器翻译时代，这一创举标志着机器翻译技术的一次深刻变革。他们起初将基于统计的方法应用到语音识别任务中，这一创新使得语音识别模型能够自动地从大量数据中学习所需知识，而无须依靠人类专家撰写复杂的规则。这一方法在语音识别任务中取得了巨大成功，显著提升了语音识别的质量和效率，也为机器翻译领域带来了新的启示。

统计机器翻译是一种数据驱动的方法，其核心在于让翻译模型从大量的数据中自动学习翻译知识。理论上来说，数据量越大，模型训练就越充分，翻译质量也就越高。这种方法摆脱了基于规则的机器翻译对于人工编写规则的依赖，使得机器翻译系统能够更加灵活地适应不同的语言和数据环境。然而，受限于当时的算力和数据量，以及 IBM 模型的复杂性，统计机器翻译在初期的发展并不迅速。大家对于统计方法在机器翻译任务上的有效性持怀疑态度，认为这种方法可能无法达到基于规则的机器翻译的准确性和稳定性。

直到 20 世纪末，随着互联网技术的逐渐发展，大规模数据的获得成为可能，同时算力也得到大幅增强，统计机器翻译逐渐进入发展的快车道。在这一时期，基于短语的方法、基于句法的方法等一大批创新方法都显著地提升了翻译质量。这些方法通过更加精细地建模翻译过程中的语言结构和语义关系，使得统计机器翻译系统能够更好地处理复杂语言的翻译任务。与此同时，开源的统计机器翻译工具"法老"（Pharaoh）及其升级版"摩西"（Moses）的出现，极大地促进了统计机器翻译的发展。这些工具提供了从训练到解码的一整套工具包，使得研究者们能够更加便捷地进行统计机器翻译的实验和研究。

在国内，统计机器翻译的研究也如火如荼地开展起来。2006 年，我国科研机构共同研发的统计机器翻译开源系统"丝路"（SilkRoad）正式发布。该系统包含了语料处理、模型训练、解码等各个模块，为国内的统计机器翻译研究提供了重要的支持和促进。同样在 2006 年，谷歌推出了互联网机器翻译系统，其主要引擎就是统计机器翻译模型。这一举措进一步推动了统计机器翻译技术的广泛应用和发展。

统计机器翻译的优势在于其对翻译模型进行数学建模，基于大数据训练，不依赖具体的语言。这使得统计机器翻译系统能够迅速、低成本地扩充语种，实现多语言翻译。与传统的基于规则的机器翻译相比，统计机器翻译具有更高的灵活性和可扩展性。然而，在经历了一系列技术迭代和高歌猛进之后，统计机器翻译逐渐遇到了发展的天花板。尽管研究者们不断尝试优化模型和算法，但翻译质量仍然难以进一步提升。这主要是因为统计机器翻译过于依赖数据的质量和数量，而在某些语言或领域的数据稀缺或质量不高的情况下，统计机器翻译的性能会受到严重影响。

此时，新的方法蓄势待发，随着深度学习技术的崛起和算力的大幅提升，神经网络机器翻译逐渐成为机器翻译领域的新宠。这种方法通过构建深度学习模型来直接学习源语言到目标语言的映射关系，进一步提升了机器翻译的准确性和流畅性。尽管如此，统计机器翻译在机器翻译发展历程中的重要地位仍然不可动摇。它不仅为机器翻译技术的进步作出了巨大贡献，也为后续的研究提供了宝贵的经验和启示。

（三）神经网络机器翻译

实际上，在20世纪90年代统计机器翻译被提出的同时，研究人员也开始了使用人工神经网络来构建机器翻译模型的探索。这一时期的探索虽然尚未形成主流，但却为后续的神经网络机器翻译的发展奠定了重要的基础。随着深度学习技术在语音、图像等领域取得大幅进展，人们开始将深度学习技术应用于自然语言处理，而机器翻译作为自然语言处理的一个重要任务，自然成为了深度学习技术应用的首选目标。

在神经网络机器翻译发展的初期，人们对于该方法的有效性还存在较大的疑问和争议。这一时期的争议主要源于两个方面：一方面，统计机器翻译已经有多年的发展历史，并且在实践中取得了令人瞩目的成就。研究的惯性使得人们试图继续在基于统计的框架内寻求改进，对于新兴的神经网络机器翻译持有一定的保守态度。另一方面，神经网络机器翻译模型在发展过程中还面临一系列国际公认的难题。例如，由于模型计算量大，研究人员不得不限制词表的大小，这导致集外词无法翻译，严重影响了翻译的准确性和完整性。此外，由于神经网络是在对源语言句子进行整体抽象表示后再进行解码，有些情况下存在漏翻译问题，这也进一步降低了翻译的可靠性。在性能方面，神经网络机器翻译模型复杂度高、解码速度慢，翻译一个句子通常要花费十几秒甚至更长的时间，无法满足海量实时翻译需求。这些问题如同大山一般横亘在神经网络机器翻译的发展道路上，如果不加以解决，神经网络机器翻译就无法实现大规模应用。

然而，随着技术的不断进步和研究的深入，神经网络机器翻译逐渐克服了初期的难题，展现出了强大的生命力和发展潜力。2015年，百度发布了互联网神经网络机器翻译系统，这一举措拉开了神经网络机器翻译大规模产业化应用的序幕。百度在集外词翻译、漏译、快速解码算法等问题上提出了一系列创新性的解决方案，有效地提升了神经网络机器翻译的准确性和效率。在系统上线后，翻译质量显著提升，这一成果充分展示了神经网络机器翻译方法的巨大威力和发展潜力。随后，在2016年，谷歌也推出了自己的神经网络机器翻译系统，这一举措进一步推动了神经网络机器翻译技术的发展和应用。国内外巨头公司纷纷加大投入，研发神经网络机器翻译系统，使得神经网络机器翻译在短时间内取得了长足的进步。短短几年时间，神经网络机器翻译就取代了统计机器翻译，成为机器翻译领域的主流技术。

神经网络机器翻译的出现将机器翻译质量带上了一个新的台阶。在很多场景下，机器翻译系统产生的译文质量已经能够与人类翻译的译文相媲美。这一现象甚至引发了关于机器翻译是否会取代人类翻译的大讨论。虽然我们需要清醒地认识到机器翻译的优势和不足，但这一现象从侧面反映出机器翻译质量的提升给人们带来了巨大的冲击和影响。神经网络机器翻译的成功应用不仅展示了深度学习技术的强大能力，也为自然语言处理领域的其他任务提供了新的思路和方法。随着技术的不断进步和应用场景的拓展，我们有理由相信神经网络机器翻译将在未来发挥更加重要的作用。

四、机器翻译的产业应用需求

如今，机器翻译已然渗透至日常生活的方方面面，无论是借助计算机还是手机等移动设备，用户均能便捷地体验到机器翻译的服务。随着机器翻译产品形态及应用场景的持续丰富，其市场需求亦呈现出不断增长的态势。总体而言，机器翻译的产业应用展现出大规模、高质量、高性能、多语言、定制化及跨模态等一系列鲜明的需求特点。

（一）高翻译质量：产业应用的基石与必然结果

高翻译质量作为机器翻译产业大规模应用的核心前提，其重要性不言而喻。在机器翻译技术不断演进的过程中，大规模应用不仅是技术成熟的标志，更是市场需求驱动下的必然结果。这一过程中，翻译质量的提升成为了推动机器翻译产业发展的关键力量。

神经网络机器翻译的出现，为翻译质量带来了前所未有的飞跃。自其上线以来，翻译质量的提升速度显著加快，并伴随着技术的不断突破，保持了持续高速增长的态势。这一显著进步主要归功于神经网络机器翻译在方法和模型上的不断创新与发展。通过突破发展初期面临的词表受限、解码速度慢、漏译现象严重等一系列难题，神经网络机器翻译模型的语义理解、表示和生成能力得到了显著提升。这不仅使得机器翻译的输出更加准确、流畅，还极大地增强了其在处理复杂语言现象时的能力。

翻译质量的显著提升，进一步增强了人们使用机器翻译的信心。无论是需求方还是供应方，都对机器翻译表现出了前所未有的认可。在全球化不断深化的背景下，获取全球信息与对外交流的效率成为了制约社会发展的重要因素。而高质量、高效率的机器翻译，正以其独特的优势，在这一过程中发挥着举足轻重的作用。它不仅打破了语言沟通的障碍，还极大地提升了信息传播的效率，为全球化进程提供了强有力的支持。

随着机器翻译技术的不断成熟和应用场景的持续扩大，越来越多的企业开始认可并采纳"机器翻译＋译后编辑"的工作模式。这一模式通过结合机器翻译的高效性和人工编辑的精准性，实现了翻译效率与翻译质量的双重提升。同时，它还显著降低了翻译成本，为企业带来了可观的经济效益。这一趋势表明，随着机器翻译质量的持续提升，其在产业中的应用必将越来越广泛，发挥的作用也将越来越重要。

未来，随着技术的不断突破和应用场景的不断拓展，我们有理由相信，机器翻译将在更多领域发挥其独特价值，为人类社会带来更加便捷、高效的沟通体验。

（二）高系统性能：突破瓶颈，迎接挑战

机器翻译作为技术创新的典范，已成功打破了传统人工翻译效率低、成本高昂的固有瓶颈。与人类译员相比，机器翻译的最大优势之一在于其不知疲倦地持续工作能力。然而，在神经网络机器翻译技术的早期发展阶段，翻译一个句子往往需要十几秒的时间，这显然无法满足实际系统对高效处理的需求。随着技术的不断演进和训练数据的爆炸式增长，翻译模型逐渐趋于复杂化。尽管强大的计算能力为这一进程提供了有力支持，但在面对海量且实时的翻译需求时，我们仍需从模型优化、算法改进、平台升级以及架构调整等多个维度入手，全面提升机器翻译系统的性能。

高性能机器翻译系统的实现面临着多方面的严峻挑战，具体如下：

首先，大数据与大模型的应用带来了高实时性的考验。翻译质量在很大程度上受益于数据量的增加和神经网络参数规模的扩大（即层次更深、维度更高）。然而，这种提升往往伴随着计算复杂度的急剧上升，从而对翻译效率产生负面影响。若翻译效率过低，导致每句话的翻译时间长达十几秒甚至几十秒，那么机器翻译将失去其快速高效的核心优势，难以实现大规模应用。因此，如何在保证翻译质量的同时，有效降低计算复杂度并提升翻译效率，成为了一个亟待解决的问题。

其次，小型化移动设备的迅猛发展与普及，对机器翻译系统提出了低功耗与小模型的新挑战。以翻译笔、翻译耳机等为代表的小型设备，对功耗有着极高的要求。同时，由于这些设备通常算力有限且内存空间狭小，因此对模型的大小也施加了严格的限制。在这种条件下，如何确保较高的翻译质量并满足小型设备的需求，成为了一个亟待攻克的关键难题。这要求我们在模型设计与算法优化上做出更多创新，以实现低功耗、小模型与高质量翻译之间的有效平衡。

（三）多语言翻译：跨越语言鸿沟，促进全球交流

在当今这个多元化、多文明的世界里，全球 200 多个国家和地区各自拥有独特的语言和文化，这些语言既展现了世界的多样性，又在国际舞台上相互交融。随着开放共享、合作共赢的理念日益成为国际共识，推动社会进步的重要力量也逐渐显现。在这样的背景下，实现高效的多语言翻译，搭建起不同语言之间顺畅交流的桥梁，成为了时代和社会的迫切需求。

然而，多语言翻译并非仅仅意味着增加语种数量，它面临着资源分布不均衡、语言差异显著等客观难题。具体而言，多语言翻译的挑战主要体现在以下方面：

第一，语言资源分布不均衡，非通用语种语言资源匮乏。尽管互联网的发展使人们能够轻松获取海量数据，但除了中文、英文等几种语言拥有大规模的数据资源外，世界上大部分语言都面临着数据资源稀缺的问题。这些语言在互联网上的存在感极弱，导致构建机器翻译系统时面临巨大挑战。在全球互联互通的今天，这一现状形成了一个恶性循环：使用这些稀缺语言的人们因语言鸿沟而无法享受互联网带来的便利，进而使得这些语言的使用进一步减少，面临消亡的危险。

第二，语言之间存在不对称性，语言差异显著。语言与文化、地域、生活、生产等密切相关，在人类文明长期的发展进化中，各种语言既相互影响，又各自具有独特的特点。语序的不对称性是机器翻译长期面临的难题之一。人们经常感觉机器翻译的句子生硬、读起来不通顺，这很大程度上是因为没有很好地解决语序问题。翻译不仅需要准确地传递信息，将一种语言所表述的内容完整准确地映射为另外一种语言，还需要符合各自语言的表达习惯。不同语言之间的差异是翻译需要克服的一大难题。

第三，多语言翻译还面临部署上的挑战。无论是训练成本还是部署成本，多语言翻译系统都面临着极大的挑战。如何解决多语言翻译数据资源少、训练不充分、模型数量多、部署成本高等难题，是机器翻译长期以来面临的挑战。这些挑战要求我们在模型设计、算法优化、平台建设等多个方面进行创新，以实现高效、实用的多语言翻译系统。

为了应对这些挑战，需要采取一系列措施，例如，加强语言资源的收集与整理工作，特别是针对非通用语种的语言资源。这可以通过政府、企业、学术机构等多方面的合作来实现。还要深入研究不同语言之间的特点和差异，探索更加有效的机器翻译方法和模型。例如，可以借鉴自然语言处理领域的最新研究成果，如深度学习、神经网络等，来提高机器翻译的准确性和流畅性。最后，优化多语言翻译系统的部署方案，降低训练和部署成本。这可以通过采用云计算、分布式存储等技术来实现资源的高效利用和共享。

（四）领域自适应：跨越行业界限，精准对接翻译需求

随着社会的发展与专业化分工的深化，不同行业间形成了独特的术语体系和文体风格，这无疑增加了跨界沟通的难度。对于翻译领域而言，这一趋势带来了前所未有的挑战与机遇。不同于日常会话或一般性交流，领域相关的翻译要求更高，它不仅要求翻译者具备跨语言的能力，更需深入掌握特定领域的专业知识，能够结合上下文信息和背景知识，准确翻译相关术语，并遵循该领域的行文习惯进行表达。例如，"mouse"一词在日常语境中常指"老鼠"，但在计算机术语中则特指"鼠标"，这种差异凸显了领域自适应的重要性。

领域自适应在机器翻译中同样面临着数据稀缺的困境。即便是在中文、英语等语言资源丰富的语种中，也存在领域分布不均衡的问题。新闻、口语等领域由于数据量大，往往能得到较好的翻译效果，而医药、法律等专业领域则因数据量

相对较少而难以达到理想的翻译质量。若将所有领域的数据混合训练翻译模型，模型往往会偏向于数据量大的领域，导致数据量较少的领域被"淹没"，进而出现术语翻译不准确、句式不规范等问题。

此外，开放的大规模机器翻译系统不仅需应对翻译数据量庞大的问题，还需面对翻译内容丰富多样的挑战。从诗歌、小说到科技文献、新闻、专利、标书等，各种文体应有尽有。这就要求翻译系统不仅具备基本的翻译能力，还需具备多文体适应性，能够根据文体的不同调整翻译策略，避免千篇一律的翻译结果。

在领域翻译需求中，文档翻译的需求日益凸显。与传统的句子或段落翻译不同，文档翻译不仅要求译文准确无误，还需保持原文档的格式不变。这无疑对文档的准确解析、篇章翻译以及格式回填等提出了更高的要求。为了实现这一目标，机器翻译系统需具备更强的文档处理能力，能够准确识别并保留文档的格式特征，如字体、字号、排版等，以确保翻译后的文档与原文档在格式上保持一致。

为了应对领域自适应带来的挑战，需要加强领域语料库的建设与共享，特别是针对数据量较少的专业领域，通过合作与共建的方式丰富语料资源。还可以深入研究不同领域的语言特点和翻译规律，开发针对特定领域的翻译模型和算法，以提高翻译的准确性和专业性。同时，注重翻译系统的多文体适应性训练，使其能够根据文体的不同自动调整翻译策略。此外，加强文档翻译技术的研究与开发，提高机器翻译系统在文档处理方面的能力，以满足日益增长的文档翻译需求。

（五）跨模态翻译：突破文本界限，融合多模态实践

跨模态（或多模态）翻译，作为机器翻译领域的一个新兴分支，其影响力正逐步显现。这一翻译模式不仅局限于传统的文本翻译，更将语音、视觉等多种模态综合考量，实现了翻译方式的革新。随着语音处理、计算机视觉等人工智能技术的不断进步与深度融合，跨模态机器翻译获得了强大的技术支持与推动力。同时，市场需求也为跨模态翻译的应用开辟了广阔的空间，使其成为当前研究与实践的热点。

早期的翻译需求主要聚焦于文本翻译，但随着智能手机等移动设备的普及以及人工智能技术的飞速发展，人们的需求逐渐向多模态转变。移动设备的小屏化甚至无屏化特点，使得语音交互成为其不可或缺的功能，进而催生了如翻译机、同声传译等语音翻译的巨大需求。此外，在许多场景下，人们难以依赖文字或语

音输入，如路牌、菜单、景点介绍、商品标签等，这使得拍照翻译成为另一大需求点。用户只需通过手机拍摄照片，系统即可进行文字、物体识别，并随后进行翻译。这种结合语音、图像、文字等多种信息的跨模态翻译，不仅极大地拓展了机器翻译的应用场景，也促进了多种技术的融合发展。随着技术的不断提升以及多样化产品的涌现，跨模态翻译正受到越来越多的关注与青睐。

然而，跨模态翻译作为机器翻译的前沿领域，其发展过程中也面临着诸多挑战：

第一，多种模态信息的有效融合是一大难题。理论上，多种模态信息的综合利用有助于提升翻译质量，正如人们在学习外语时需要全面提升听、说、读、写等能力一样。然而，在实际操作中，多种模态信息难以实现统一表示和有效融合。以语音翻译为例，目前常见的做法是首先利用语音识别系统将语音信号转换为文字，然后再进行机器翻译。这种串行的连接方式虽然简单，但存在明显弊端。一方面，语音识别的错误会在后续流程中被传递和放大，导致翻译错误；另一方面，这种方式仅仅是将语音处理和机器翻译简单串联，并未实现语音和文本两种模态的深度融合。

第二，跨模态翻译同样面临着数据稀缺的困境。虽然语音处理、计算机视觉、机器翻译等在长期的发展中都各自积累了大规模的训练数据，但跨模态的训练数据却极度匮乏。以中英同声传译为例，目前公开的训练数据仅有几十小时，这对于训练高质量的机器同传模型来说远远不够。如何突破数据规模的限制，提升跨模态翻译的质量，是当前亟待解决的问题。

第三，跨模态翻译还面临着系统整体性能的挑战。以同声传译为例，除了需要综合利用语音、文本信息外，还需要充分考虑同声传译的任务特点。为了达到同传的目标，系统需要在说话人还未说完一句话的时候就开始翻译。这既因为无法充分利用上下文信息而对语音识别和翻译质量产生较大影响，也对系统的整体性能提出了更高的要求。系统不仅需要达到较高的翻译质量，还需要做到较低的时间延迟，以实现实时、准确的同声传译。

第二节 机器翻译语料库类型与语料获取

目前，主流的人工智能技术主要采用数据驱动的方式，即依赖大量的数据来训练模型的参数。数据的数量与质量直接影响着模型的效果，因此，数据在人工智能技术中的重要性显得尤为突出。在机器翻译领域，所使用的数据主要来源于语料库。语料库实质上是一个数据集合，根据任务的不同，其所存储的对象也会有所差异。例如，人们在学习外语时所使用的字典，就可以被视为一种语料库，因为它建立了两种语言单词之间的对应关系。借助字典，人们可以构建一个简单的机器翻译系统，通过查询字典来实现对句子中每个单词的翻译。然而，仅仅依赖这种方法进行翻译，所得句子的质量往往较低。为了提高翻译质量，翻译模型不仅需要学习单词之间的互译关系，还需要掌握词语的搭配关系、位置关系以及语义信息等，这样才能生成较为流畅的译文。为了实现这一目标，需要建立句子级别的双语语料库，也称为平行语料库，它通常由成对的句子构成，每个句对包含原文及其对应的译文。

双语平行语料库是训练机器翻译模型的关键数据。一般而言，语料库的规模越大、质量越高，机器翻译系统能够学习到的翻译知识也就越多，进而翻译质量也会更高。以汉英翻译为例，大规模翻译系统所需的训练数据通常包含数亿乃至数十亿句对，这一数量远远超过了一个人一生的阅读量。如此庞大的数据量，显然无法通过人工方式来构建。互联网的普及使得大规模数据的获取变得可能。然而，互联网上的数据质量参差不齐，因此，如何有效地筛选和获取机器翻译所需的高质量数据，是构建高质量机器翻译模型的关键所在。

一、机器翻译数据的相关因素

数据规模和质量是影响机器翻译质量的关键因素之一，概括来说，机器翻译数据与以下因素密不可分。

（一）翻译范式的革新对大数据提出了迫切要求

自统计机器翻译方法问世以来，人们便深刻认识到，要充分发挥这一方法的潜力，必须有充足的数据作为支撑。数据的规模与多样性直接关系到翻译模型的训练效果，进而影响翻译质量。没有大数据的支持，无论是统计机器翻译还是神经网络机器翻译，都将如同"无米之炊"，难以施展其应有的能力。这一认识激发了全球范围内建设共享语料库的热情，众多机构与组织纷纷投身于这一事业之中。其中，语言数据联盟（LDC）、欧洲议会语料库（Europarl）、中文语言资源联盟（CLDC）等作为代表性机构，在推动语料库建设方面发挥了重要作用。经过长期不懈的努力，这些共享语料库的规模不断壮大，一般可以达到数千万条甚至更多的双语句对，为机器翻译的研究与应用提供了丰富的数据资源。同时，人们还依托这些宝贵的数据资源，定期举办开放的机器翻译评测活动，通过实际测试来评估不同翻译系统的性能，进一步推动机器翻译技术的持续改进与创新。这些共享数据与公开评测的举措，无疑极大地促进了机器翻译领域的快速发展，为跨语言交流搭建了更加坚实的桥梁。

（二）互联网的蓬勃发展为大数据提供了肥沃的土壤

互联网的飞速发展，如同一股强劲的春风，为大数据的生长提供了无垠的沃土。它打破了时间和空间的束缚，使得信息的传递与交流变得前所未有的便捷。只需拥有一台能够连接网络的设备，人们便能即刻与全球任何一个角落的人进行沟通，无论是进行在线学习、跨境商务还是远程会议，都变得轻而易举。网络这个虚拟的空间，犹如一面镜子，映射出人们现实生活的丰富多彩，同时也在每时每刻地产生着庞大的数据量。

互联网就像一座蕴藏着无尽宝藏的矿山，等待着人们去挖掘和探索。在这里，各种数据和知识如同矿石一般，等待着被发掘和利用。对于机器翻译领域而言，互联网的这一特性无疑为其提供了丰富的数据资源。全球各地的互联网用户，使用着各自的语言，在网络上生产着海量的数据，这些数据形成了宝贵的多语言语料库。同时，随着全球化的不断深入，人们对于跨语言交流的需求也日益增长。无论是商务沟通、学术交流还是日常生活中的信息获取，跨语言交流都已成为不可或缺的一部分。

因此，机器翻译系统在当今的互联网时代几乎成为了国内外互联网公司的标配。它们利用大数据的优势，不断学习和优化，为人们提供更加准确、流畅的跨语言交流体验。互联网的蓬勃发展，不仅为机器翻译提供了丰富的数据资源，也为其应用和发展开辟了广阔的空间。

（三）传统语言服务企业：高质量数据的源泉与应用的桥梁

语言服务企业，作为长期深耕于翻译领域的专业机构，积累了大量的人工翻译数据，这些数据不仅数量庞大，而且质量上乘，是训练和优化翻译系统的宝贵语料。然而，长期以来，这些数据并未得到充分的利用。其中的原因主要有两方面：一是语言服务提供商出于对客户信息的保护，通常需要对所翻译的内容进行保密，因此无法将这些数据对外共享；二是知识产权问题也是影响数据流通的重要因素，如何在确保知识产权得到充分保护的前提下，让语言服务行业产生的高质量语料得以流通，进而用于训练机器翻译系统、提升机器翻译的质量，是当前亟待解决的一个重要问题。

近年来，随着国际交流的日益频繁和密切，翻译人员的需求持续攀升，供不应求。传统语言服务企业面临着巨大的市场压力，急需提升翻译效率以应对不断扩大的市场需求。而机器翻译质量的持续提升，无疑为这些企业带来了新的希望。它们开始逐渐接纳并尝试使用机器翻译来提升翻译效率，以应对市场的挑战。

机器翻译系统在通用大数据的基础上进行训练后，还可以进一步利用行业数据进行精细化训练，从而提升翻译系统在具体领域上的翻译质量。这种针对性的训练使得机器翻译系统能够更好地适应不同行业的翻译需求，提供更加精准的翻译服务。同时，机器翻译系统还提供了灵活多样的服务方式，如定制化训练部署、可配置的术语词典、辅助翻译等，为传统语言服务企业提供了优化翻译质量的便利。

与传统语言服务企业的合作，是机器翻译实现规模化应用的重要一环。这种合作模式实现了数据的共享与利用，数据取之于企业，系统用之于企业，不仅提升了机器翻译系统的实用性和准确性，还有利于构建一个良好的翻译服务生态圈。通过这样的合作，语言服务企业可以更加高效地应对市场需求，而机器翻译系统也可以在实际应用中不断得到优化和提升。

二、机器翻译语料库的类型

语料库可以看作机器翻译模型学习翻译知识的教科书。机器翻译系统从语料库中学习翻译知识（具体学习到何种知识则与翻译模型相关），例如单词或者短语之间的互译关系、词语在句子中的位置信息等，并利用其进行翻译。随着数据驱动的机器翻译技术的发展，语料的数量和质量对于机器翻译来说越来越重要。

语料库作为一种数据资产也越来越受到大家的重视。对于机器翻译而言，通常语料库有两种主要类型：双语语料库和单语语料库。

（一）双语语料库

双语语料库就是包含两种语言的语料库，它的主要作用就是使得机器翻译系统能够从中学习到两种语言之间的联系。其中最为常用的一种类型是双语平行语料库。所谓平行，是指两种语言所表述的内容互为翻译，在语义上是一致的。

机器翻译通常用到的是句子级别的平行语料库，也称为句对。每一个句对包含一个源语言句子和一个目标语言句子。

例如以下句子，其中中文为源语言句子，英文为目标语言句子：

我正在读书。I am reading.

我喜欢钓鱼。I like fishing.

我正在看电视。I am watching TV

我正在吃苹果。I am eating an apple.

我有一个梦想。I have a dream.

机器翻译系统可以从句子对齐的平行语料中学到丰富的翻译知识。例如，以上句子中，每个中文句子开始的第一个词都是"我"，而每一个英文句子开始的第一个词都是"I"。这样即便是不懂英文的人，也可以很容易地把这两个词联系起来，"我"的英文翻译是"I"。进一步地说，每当中文出现"我正在"的时候，英文句子中都是"I am"，可以推测，"我正在"的英文翻译是"I am"。此外，也可以根据两个句子所包含的单词个数进行推测，比如第 1 个句对，中英文都包含 4 个词（标点也算在内），那么可以猜测两个句子相应位置上的词是互译的，再结合前面根据单词出现次数的猜测，很容易得出"读书"对应的英文是"reading"。根据单词出现的次数和句子长度这两个信息，可以从上面句子中建立起中文和英文词语之间的对应关系。实际上，这个过程就是统计机器翻译的学习过程。只不过它用到的数据量更大，模型也更加复杂。

以上利用平行语料建模的思想被语言学家用来对古文字和语言进行解密，破译了 2000 多年前的古埃及文字。他们所用到的"语料库"是罗塞塔石碑所记载的内容。

除了平行语料库外，还有一种形式的双语语料库，称为"可比语料库"。可比语料库在内容上也是包含两种语言的文本，与平行语料库不同的是，两种语言的文本虽然属于同一个领域，但文本内容不是严格对应的。比较典型的可比语料库是维基百科，同一个条目有多种语言版本。不同语言的版本不存在严格的句子级别的对应关系，但内容上是描述的同一件事。从可比语料库中可以抽取不同语言之间词语或者短语级的对应关系。在缺少平行语料库的情况下，从可比语料库中挖掘翻译知识也是一种常用的方法。

（二）单语语料库

单语语料库，顾名思义，是仅包含一种语言的语料集合。或许有人会对仅包含一种语言的语料库在翻译工作中的作用产生疑惑。事实上，翻译的标准不仅在于内容的准确无误，更要求译文的流畅自然，需符合目标语言的语法规范与表达习惯。通过利用目标语言的单语语料库，可以有效地训练语言模型，进而提升译文的流利度，确保翻译作品在传达原文意义的同时，也能展现出目标语言的优雅与精准。

例如上述英文句子，可以发现，单词"I"的后面经常出现"am"。通过大量的单语语料分析，可以预测当英语句子出现"I"的时候，其后面的单词很大可能是"am"，而不会出现"I is"或者"I are"这种表达方式。通过大量的目标语言单语语料学习，在翻译时，语言模型可以根据已经产生的译文来预测下一个目标单词出现的可能性，选择概率最大的单词输出，从而提升译文的流利度。

源语言的单语语料库也是有用的，可以用来训练源语言的分析器，比如对源语言进行分词、分析句子的结构信息等。

此外还可以基于单语语料进行数据增强，使用已经训练好的翻译系统翻译单语语料，从而构造双语平行语料。在双语平行语料资源稀缺的情况下，通过单语语料进行数据增强能够有效提升翻译质量。

三、机器翻译语料的获取

随着计算机网络的普及与迅速发展，信息时代的大门已向人类敞开。世界各地的人们在网上聊天、购物、阅读、学习，无时无刻不在生成数据。这一现象使得获取大规模翻译语料成为可能，互联网数据也因此成为构建大规模机器翻译系统的重要来源。然而，尽管互联网数据资源丰富，但从这浩如烟海的数据中筛选出用于训练机器翻译模型的平行语料，却是一个复杂且充满挑战的过程。

（一）互联网双语语料存在形式

在机器翻译与跨语言信息处理领域，双语语料作为核心资源，其质量与获取途径直接关乎翻译系统的性能与输出品质。相较于单语语料，双语语料因需同时满足两种语言的对应与一致性，其获取难度显著增大。互联网的浩瀚信息海洋中，双语语料犹如散落的珍珠，如何有效发现与识别，成为研究与实践的首要议题。

双语语料在互联网上的存在，可大致划分为两大类：一是双语内容共存于同一网页，二是双语内容分布于不同网页。这两种形式各具特点，对语料处理的技术要求也不尽相同。

首先，针对双语内容共存于同一网页的情况，多见于词典类、新闻类、学习类网站。此类网页因服务于跨语言学习或信息传播需求，其格式相对规范，内容质量亦有保证。从对齐的粒度来看，涵盖了从单词、句子到段落乃至篇章的全方位层次，为机器翻译模型提供了丰富的训练素材。然而，即便在此类较为规范的网页中，仍存在格式自由度高、处理难度大的双语内容。例如，专业术语后附英文注释的情形，如何准确界定中文术语的边界，避免错误的对应关系，成为语料预处理中的一大挑战。如"冠状病毒属于套式病毒目（Nidovirales）"这一表述，对于自动化工具而言，准确识别括号内英文与中文术语的正确对应关系，实非易事，需借助复杂的自然语言处理技术加以解决。

其次，双语内容不在同一网页上的情况，则更为复杂且富有挑战性。此类语料常见于跨国公司官网、国际性新闻网站及国际组织平台，它们往往为同一内容提供多语言版本。这类双语语料的发现与获取，依赖于对网站 URL 构成规律的深入分析与利用。通过解析 URL 结构，识别语言代码或特定路径模式，研究人员能够定位到不同语言版本的页面，进而提取出双语对齐的语料。然而，这一过程不仅需要高超的技术手段，还需对目标网站的结构有深入的了解，方能有效实施。

（二）互联网低质语料的类型

互联网上的语料质量参差不齐，若不进行仔细的甄别与筛选，去其糟粕，取其精华，即便语料库规模庞大，对于翻译质量的提升也并无裨益。低质语料的存在反而可能产生负面影响。常见的低质语料主要包括以下三种类型：

1. 人为造成的低质语料

人为造成的低质语料通常可划分为两种主要类型，具体如下：

　　第一类是非主观意愿下产生的低质语料，这主要源于翻译水平的差异，导致译文质量参差不齐。以同一个句子为例，高级专业的译员与初学者所给出的译文必然存在显著差距。若使用初学者的语料来训练机器翻译系统，那么该系统所能达到的翻译水平势必会受到限制。

　　第二类则是由于主观传播所带来的低质语料，这类数据对机器翻译的质量影响尤为显著。更为严重的是，在很多情况下，这些低质语料会被大量传播。例如，"人山人海"这一表述被错误地翻译为"people mountain people sea"，这种玩笑式的译文在网络上广为流传，甚至其出现频率超过了正确的译文。这样一来，机器在学习的过程中也会吸收这种错误的译文，从而对翻译质量产生极大的负面影响。

　　2. 机器翻译造成的低质语料

　　在机器翻译技术尚未广泛普及和应用之前，由机器翻译造成的低质语料问题几乎不存在。然而，随着机器翻译系统，尤其是互联网机器翻译系统的大规模应用和推广，这一问题逐渐浮出水面，变得尤为突出和严重。客观而言，在互联网机器翻译系统刚刚推出并进入市场时，其译文质量普遍较低，经常出现一些令人捧腹，甚至荒谬可笑的错误译文。但遗憾的是，人们往往因为不懂某种语言而求助于机器翻译系统，因此他们无法准确判断译文的质量。抱着聊胜于无、姑且一试的心态，他们采纳了机器翻译的译文，并将其用于各种场合。

　　由机器翻译产生的低质语料，其表现形式多种多样。例如，机器翻译系统可能将"对公业务"中的"公"错误地翻译为表示男性性别的英文词"male"，导致译文意义完全改变；或者将"开水房"中的"开"错误地翻译为表示打开意思的"open"，使得译文与原文大相径庭。更有甚者，由于机器翻译系统的故障或缺陷，可能会出现将"餐厅"翻译为"Translate server error"（翻译服务故障）这样令人啼笑皆非、不可思议的错误译文。

　　错误的译文一旦在网络上广泛传播，就会被其他机器翻译系统或工具重新抓取，并用作训练语料。这样一来，错误的译文就会被不断地学习和模仿，从而形成了一个恶性循环。这个循环不仅会导致机器翻译系统的译文质量持续下降，还会对人们的语言交流和理解造成极大的困扰和障碍。因此，我们必须高度重视机器翻译引发的低质语料问题，并采取相应的措施来加以解决和应对。

　　3. 语料处理造成的低质语料

　　从网络上发现双语资源到最终将其整理为双语平行语料，这一过程中的每一个处理步骤都无法确保百分之百的准确性。语料处理过程中的任何错误最终都会影响到语料的质量。例如，在语言判断环节，如果判断不准确，将日文句子误判为中文，那么在中英语料中就会错误地引入日文句子。这种情况在中英翻译时就会导致译文中出现日文字符，严重影响翻译的质量和准确性。再比如，由于句子边界判断得不准确，平行语料中源语言句子和目标语言句子可能会出现不对译的情况。这样训练出来的翻译系统在执行翻译任务时，很容易造成过翻译（即译文中包含了原文中没有的信息），反之，则容易造成漏翻译（即译文中遗漏了原文中的某些信息）。这些问题都会对翻译系统的性能和翻译质量产生不良影响。

（三）双语语料挖掘与加工

从互联网获取翻译语料库可以分为两大步骤，双语语料挖掘和双语语料深加工。双语语料挖掘扫描所有的网页库并从中抽取可能的双语句对，得到粗对齐的双语语料库。双语语料深加工对粗对齐语料库进一步处理，去除噪声，抽取优质句对，最终得到高质量双语语料库。

1. 双语语料挖掘

在获取到含有双语数据的网页之后，需要进行一系列的处理步骤才能最终得到可用的双语语料。当网页包含中英双语数据时，我们的目标是从中提取出双语内容。通常，网页的结构会包括导航栏、右边栏、标题、正文等多个区域，而所需要的双语内容往往包含在正文部分。为了实现这一目标，可以通过对网页进行解析，来判断各个区域所包含的内容，并进而抽取出含有双语的正文部分。

具体来说，可以通过查看网页正文部分的源码，并利用解析技术来提取正文内容。在这个过程中，需要注意的是，网页正文部分既包含双语对齐的数据，也包含仅中文单语的数据。因此，在抽取的过程中，需要通过判断每个段落 " " 中是否包含两种语言来过滤掉单语内容，以确保最终得到的语料是符合要求的双语对齐数据。这样，就能更有效地利用这些双语语料进行后续的分析和应用。

2. 双语语料深加工

通过双语语料挖掘得到的初始双语数据往往较为粗糙，其中可能包含大量的噪声数据。为了获得更高质量的句子对齐双语语料，我们需要对这些数据进行进一步的过滤和精练。所谓的高质量，具体而言，是指一个句对中的源语言句子和目标语言句子需要互为准确的翻译，并且同时符合各自语言的语法规范。

常用的过滤方法如下：

（1）基于规则的预过滤策略。这一策略主要依赖于预设的规则来对数据进行初步的筛选和过滤。例如，可以利用编码信息来过滤掉那些包含乱码的句子，因为乱码句子通常无法提供有效的语言信息。同时，我们也可以利用长度信息来过滤掉过短或者过长的句子，因为这些句子可能无法提供足够的上下文信息，或者可能包含不完整、不准确的翻译。此外，还可以利用句子长度的比例来过滤掉那些句子长度差距过大的句对，因为这样的句对很可能不是互为翻译的。通过应用这些基于规则的预过滤策略，可以有效地过滤掉那些比较明显的噪声数据，从而为后续的深加工处理奠定更好的基础。

（2）计算句子的互译程度。简单来说，这一过程可以通过利用一个双语词典来评估两个句子之间的互译程度。具体而言，如果源语言句子中的词汇在双语词典中对应的释义在目标语言句子中出现，那么这两个句子很有可能是互为翻译的，反之亦然。然而，需要注意的是，这种方法的准确性并不高，它可能无法检测出某些类型的错误，比如"How old are you"和"怎么老是你"这种虽然表面相似但实际上意义完全不同的句子对。

为了提高准确性，我们可以在此基础上增加更多的特征，例如词性特征、词语顺序特征、句法特征等。通过综合考虑多个特征的组合，我们可以更全面地衡量两个句子之间的相似程度。这种方法在统计机器翻译时代是比较常见的。

近年来，随着深度学习以及预训练技术的不断发展，我们可以采用更先进的方法来计算句子的互译程度。具体来说，我们可以通过训练多语言预训练模型，将句子表示为向量的形式。然后，我们可以利用余弦相似度来衡量两个句子向量之间的相似性。通过设置一个合适的阈值，我们可以过滤掉相似度较低的句子对，从而进一步提高双语语料的质量。这种方法在当前的自然语言处理领域已经得到了广泛的应用和认可。

（3）检测机器翻译译文。随着机器翻译的广泛应用，互联网上涌现了大量质量参差不齐的机器翻译译文。如果不进行严格的筛选和过滤，这些低质量的机器翻译译文可能会重新进入训练集，进而引发恶性循环，对模型的训练效果造成不利影响。因此，我们在这里特别强调需要过滤掉质量较差的机器翻译译文。当然，也必须指出，有很多机器翻译译文的质量是非常高的，这种高质量的数据对于模型的训练是有积极帮助的。

"回译"技术作为一种数据扩充手段，在当前的机器翻译领域得到了广泛的应用。它利用机器翻译生成译文来构造双语数据，从而有效地增加了训练集的多样性和规模。而机器翻译译文的检测，本质上可以看作是一个分类问题。因此，任何用于分类任务的机器学习方法都可以被用来检测机器翻译译文的质量，以确保我们能够筛选出高质量的双语数据用于模型的训练。

第三节　机器翻译质量评估：标准与实践

一、机器翻译质量的基本标准

翻译作为一个跨语言的信息传递过程，其本质不仅仅是文字的简单转换，更是一个涉及文化、语境与表达方式的再创作过程。因此，同一句话，在不同的语境下，由不同的人进行翻译，其结果往往大相径庭，反映出翻译活动的复杂性和多样性。

在翻译领域，"信、达、雅"被普遍视为衡量翻译质量的基本标准，这一标准不仅适用于人工翻译，也同样对机器翻译提出了明确的要求。

"信"强调的是翻译的准确性与完整性。机器翻译在处理义本时，必须能够准确无误地捕捉并传递原文的核心信息和意图，确保译文与原文在意义上的一致性。这是翻译的最基本要求，也是机器翻译系统设计的基石。

"达"则侧重于译文的流畅性与易读性。优秀的机器翻译不仅应追求字面意义上的对等，更应注重译文在目标语言中的表达习惯与地道性，确保读者能够轻松理解并接受译文，实现跨语言的无缝沟通。

"雅"是翻译艺术的更高境界，要求译文在准确传达原文意义的基础上，还能展现出一定的文采与美感，甚至能够传达出原文所蕴含的深层次意境与文化韵味。对于机器翻译而言，达到"雅"的层次尤为挑战，需要算法不断学习与优化，以更贴近人类语言的精妙与丰富性。

"信、达、雅"作为翻译质量的基本标准，不仅为人工翻译提供了指导，也为机器翻译的发展指明了方向。这三个方面的要求是高度概括的，具体到评价一个机器翻译系统的译文质量，人们提出了多种便于操作和衡量的评价方式和评价指标。

二、机器翻译质量的人工评价

人工评价是指依靠人类专家对机器翻译系统生成的译文进行评价的方式。人工评价通常从"信"和"达"两个方面来评价。常用的指标有忠实度和流利度。忠实度用来衡量译文是否忠实于原文；流利度用来评价译文是否符合目标语言的表达习惯、语法结构等。至于"雅"，因其上升到了文学层面，仁者见仁、智者见智，目前用来评价机器翻译还为时尚早，操作起来也非常有难度。

流利度与忠实度并没有必然的关系。有的译文虽然很流利，但是用忠实度来衡量可能会很差。例如，英文原文：Smoking Free Area。中文译文：吸烟区域。其中的"Smoking Free Area"中的"Free"并不表示可以"自由"地吸烟，而是"禁止吸烟"。""类似的表达方式还有"Duty Free"（免税）等。对此，虽然中文译文流畅，但是与原文所表达的意思完全相反，忠实度差。

国家语言文字工作委员会于 2006 年发布了《机器翻译系统评测规范》，对人工评价打分标准进行了规范，所采用的两个指标是忠实度和可懂度。实际上从指标描述来看，这里的可懂度属于"达"的范畴。

忠实度的打分标准如下：

0 分，完全没有译出来。

1 分，译文中只有个别单词与原文相符。

2 分，译文中有少数内容与原文相符。

3 分，译文基本表达了原文的信息。

4 分，译文表达了原文绝大部分信息。

5 分，译文准确完整地表达了原文信息。

可懂度的打分标准如下：

0 分，完全不可理解。

1 分，译文晦涩难懂。

2 分，译文很不流畅。

3 分，译文基本流畅。

4 分，译文流畅但不够地道。

5 分，译文流畅且地道。

以上两个指标从两个方面对机器翻译质量进行评价。在实际应用中，从这两个指标的数值上，人们仍然很难理解一个机器翻译系统所能达到的水平。人们通常会问"机器翻译的译文准确率是多少"，所期望的回答是一个百分比分数。因此，在上述规范中也给出了可理解度的评分标准。基于这个标准，人们打分的时候采用 0 ~ 5 分打分，最后换算为百分制：可理解度 = 所有句子得分之和 / （5 × 总句数）× 100%。

可理解度的评分标准如下：

0 分，完全没有译出来。可理解度为 0%。

1 分，看了译文不知所云或者意思完全不对，只有小部分词语翻译正确 20%。可理解度为 20%。

2 分，译文有一部分与原文的部分意思相符；或者全句没有翻译对，但是关键的词都孤立地翻译出来了，对人工编辑有点用处。可理解度为 40%。

3 分，译文大致表达了原文的意思，只与原文有局部的出入，一般情况下需要参照原文才能改正译文的错误。有时即使无须参照原文也能猜到译文的意思，但译文的不妥明显是由于翻译程序的缺陷造成的。可理解度为 60%。

4 分，译文传达了原文的意思，不用参照原文，就能明白译文的意思；但是部分译文在词形变化、词序、多义词选择、得体性等方面存在问题，需要进行修改。不过这种修改无须参照原文也能有把握地进行，修改起来比较容易。可理解度为 80%。

5 分，译文准确流畅地传达了原文的信息，语法结构正确，除个别错别字、小品词、单复数、地道性等小问题外，不存在很大的问题，这些问题只需进行很小的修改；或者译文完全正确，无须修改。可理解度为 100%。

在人工评价时，为保证评价公平客观，通常由多名专家评分取平均值。人工评价的优点是能获得准确的评价结论，而缺点也比较明显，评价的成本非常高，需要相关语言、相关领域的专家，周期也比较长，通常需要花费几天的时间才能评价完成一个系统。如果对多个系统、多种语言进行评价，整体的评价成本会更高。

三、机器翻译质量的自动评价

自动评价是一种基于预先设定评价函数的评价方式，它利用计算机程序自动对目标对象进行打分和评估。相较于传统的人工评价方式，自动评价具有显著的成本优势，因为它能够迅速且高效地得出评估结论，无须耗费大量的人力和时间资源，这一特点使得自动评价在现代信息处理领域，尤其是需要大量数据处理和快速反馈的场景中，显得尤为重要和实用。

自动评价的一个重要特征是它的语言无关性，这意味着一个设计良好的评价函数可以跨越语言界限，对不同翻译系统、不同语言对之间的译文进行统一、公正的打分，这一特性极大地扩展了自动评价的应用范围，使其能够在多语言环境中发挥重要作用，为不同语言之间的翻译质量评估提供一个共通的标准。

在实际应用中，自动评价常被用于模型迭代和参数训练的过程中。通过持续观察翻译系统译文质量的变化，开发者可以及时调整模型参数，优化翻译性能，从而提升整体翻译质量。此外，自动评价还广泛应用于机器翻译系统的评测中，为评估不同翻译系统的优劣、比较不同翻译策略的效果提供了有力的工具。

（一）机器翻译质量自动评价的基本原理

自动评价的过程，类比于考试，其核心在于构建一套"测试集"，这是一系列待翻译的源语言句子，作为评判机器翻译质量的"试题"。为了衡量翻译质量，必须设定"标准答案"，在自动评价中，这被称为"参考译文"，由人类专家，即人工翻译者，对测试集中的句子进行翻译而得到。鉴于一个句子往往存在多种翻译方式，为了提升参考译文的多样性和包容性，通常会邀请多位翻译专家独立进行翻译，从而形成一个参考译文的集合。

机器翻译系统的"考试"，实质上就是将"测试集"中的句子进行翻译，产出的结果被称为"机器译文"。自动评价的核心环节，是将"机器译文"与"参考译文"进行细致对比，二者之间的相似度越高，则意味着翻译质量越优。为此，需要精心设计一个评价函数，以量化"参考译文"和"机器译文"之间的匹配程度。一个优秀的评价函数应当能够较为精确地反映机器翻译系统的实际译文质量，并且与人工评价的结果保持正相关，即人工评价为高质量的译文，在自动评价中也应获得高分。

正如考生在考试前会通过模拟题进行练习以提升成绩，机器翻译系统也需要通过"开发集"（development set）进行参数调整，这套模拟题起到了类似的作用。机器在开发集上进行参数的优化调整，随后在测试集上进行最终的测试。值得注意的是，开发集的参考译文会与原文一同提供，而测试集的参考译文则通常保持不可见状态。这样的设计使得开发集和测试集均能够被多次利用，有效提升了资源的使用效率。

（二）常用的自动评价指标

1. 词错误率（WER）

WER 是一种基于编辑距离的评价指标。具体来说，在单词层面定义了三种操作：插入、删除、替换。基于这三种操作，最少通过多少步可以把机器译文变换为参考译文，这个变换步数就是编辑距离，可以通过动态规划算法计算，插入、删除、替换操作的定义如下：

插入：参考译文中有的单词，而机器译文中没有，执行插入操作。

删除：机器译文中有的单词，而参考译文中没有，执行删除操作。

替换：机器译文和参考译文中对应位置的单词不同，执行替换操作。

WER 通过下式计算：

$$\text{WER} = \frac{N_I + N_D + N_S}{N_{ref}} \tag{2-1}$$

式中：N_I——插入操作的次数；

N_D——删除操作的次数；

N_S N——替换操作的次数；

N_{ref}——参考译文中的单词个数。

WER 越小，意味着机器译义和参考译文越接近，说明翻译质量越高。而 WER 越大，则意味着需要更多步的变换才能把机器译文变换为参考译文，说明翻译质量越低。不过，WER 是一种比较简单的评价指标，在刻画词语调序、词语搭配等方面能力比较弱。

2. 双语评估替补（BLEU）

目前，机器翻译广泛采用的自动评价指标是 BLEU，大部分机器翻译文献以及机器翻译评测中都将 BLEU 作为主要的评价指标。

BLEU 的计算公式如下：

$$\text{BLEU} = \text{BP} \times \exp\left(\sum_{n=1}^{N} W_n \log P_n\right) \tag{2-2}$$

（1）P_n。P_n 是 BLEU 公式的核心部分，用来计算机器译文和参考译文的匹配程度。其中 P 是 Precision 的首字母，表示准确度。n 表示 n-gram，即连续出现的词的个数。比如"I"是 1-gram，"I eat"是 2-gram，"Ieat an"是 3-gram，以此类推。P_n 的计算公式如下：

$$P_n = \frac{\sum\limits_{C \in \{Candidates\}} \sum\limits_{n-gram \in C} Count_{clip}(n-gram)}{\sum\limits_{C' \in \{Candidates\}} \sum\limits_{n-gram \in C'} Count(n-gram)} \quad （2-3）$$

其中，Candidates 是机器译文，C 表示机器译文中的每一个句子。Count（n-gram）表示机器译文中 n-gram 的个数（当 $n=1$ 时，实际就是机器译文中所有词的个数），而 Counteip（n-gram）表示机器译文与参考译文匹配的 n-gram 的个数。

以下用例子来进一步说明，例子中有 1 句原文（中文），2 句参考译文（英文），其中所有的英文单词都转换为小写字母。

原文：花园里有只鸟。

参考译文 _1：A bird is in the garden.

参考译文 _2：There is a bird in the garden.

机器译文：In garden there is a bird.

对于机器翻译系统产生的译文，表 2-1[①] 列出了 1-gram~4-gram 的统计数据。以 2-gram 为例，系统产生的译文包含 5 个 2-gram，其中有 3 个出现在参考译文中（匹配任何一个参考译文中的 2-gram 就可以），则 $P_2=3/5$。需要注意的是，随着 n 增大，P_n 的值急剧下降，因此对各个 n-gram 的精度采用了对数加权平均。一般而言，取 $N=4$，$W_n = \dfrac{1}{N}$。通常机器翻译系统 BLEU 得分指的就是在 $N=4$ 情况下根据 n-gram 匹配度计算得到的分数，记作 BLEU-4。

表 2-1　n-gram 准确率计算示例（n=1，2，3，4）

n	n-gram	Count（n-gram）	Countap（n-gram）	P
1	In，garden，there，is，a，bird	6	6	6/6
2	in garden，garden there，there is，is a，a bird	5	3	3/5
3	in garden there，garden there is，there is a，is a bird	4	2	2/4
4	in garden there is，garden there is a，there is a bird	3	1	1/3

---

① 王海峰，何中军，吴华.神经网络机器翻译技术及产业应用 [M].北京：机械工业出版社，2023：49.

P_n 兼顾了准确度与流利度。1-gram 匹配的越多，则意味着被翻译出来的词汇越多，随着 N 的增大，连续匹配的词越多意味着译文越流畅。

（2）BP。BP 项是 brevity penalty 的缩写，是长度惩罚项。在 P_n 的计算过程中，短的译文会占优势。例如，如果一个系统输出的译文是 "there is a bird"，其 P_1 到 P_4 的得分都是 1。但是这个译文漏掉了 "花园里"（in the garden）的翻译。为了对较短的译文进行惩罚，引入了长度惩罚因子 BP：

$$\text{BP} = \begin{cases} 1, c > r \\ e^{1-\frac{r}{c}}, c \leqslant r \end{cases} \quad\quad (2\text{-}4)$$

c 是机器译文的长度（即 1-gram 的总和），r 是参考译文的长度。如果机器译文长度小于参考译文的长度，意味着机器 "偷工减料"，漏掉某些信息，则对其进行惩罚。如果有多个参考译文，则选择与机器译文长度最接近的那个参考译文计算长度。例如上例中，机器译文的长度是 6，参考译文 1 的长度是 6，参考译文 2 的长度是 7，则 $r=6$。

需要注意的是，P_n 和 BP 的计算都是在整个测试集上进行的，即统计测试集中所有句子的 n-gram，然后计算 BLEU 得分。这意味着，BLEU 值是对整个测试集计算得到的，评估的是一个翻译系统在这个测试集上的表现，而不单看某一个句子翻译的好坏。也就是说，如果对测试集中每个句子分别计算 BLEU 再相加，则其和不等于在整个测试集上计算的 BLEU 值。

BLEU 值的取值在 0 ~ 1 之间。有时候，也将 BLEU 值换算为百分数表示。对于同一个测试集，不同系统的 BLEU 得分是可比的，可以依据 BLEU 得分高低来评价各个系统的译文质量，得分越高，意味着翻译质量越高。而如果测试集不同，则 BLEU 值是不可比的。例如，系统 1 在测试集 A 上的 BLEU 得分是 36.80，系统 2 在测试集 B 上的 BLEU 得分是 50.25，并不意味着系统 2 就比系统 1 好。这就像学生做了不同的考试题一样，不能对不同考试题上取得的成绩进行比较。

BLEU 值是通过对比机器译文和参考译文计算得到的，参考译文的质量、多样性等影响了 BLEU 得分。比如，参考译文数量越多、多样性越好，机器译文匹配的 n-gram 就越多，BLEU 值也就越高。这也反映了自动评价的一个缺点，由于人们无法穷举所有可能的参考译文，因此自动评价只能在一个有限集合（通常是 4 个 reference）中计算 n-gram 的匹配程度，匹配不上则计数为 0。试想对于 "你好"

这个句子，如果 4 个参考译文是"hello""how are you""how do you do""how are you doing"，而系统产生的机器译文是"hi"，它完全没有匹配到参考译文，其 BLEU 得分为 0，但是显然不能说这个译文是错误的。

即便是人类专家给出的译文，如果匹配不上参考译文的内容，BLEU 得分同样也会比较低。因此，虽然 BLEU 值的理论上限是 1，但是在实际系统中几乎不可能达到。

3. 具有明确排序的翻译评估指标（METEOR）

BLEU 基于字符串的严格匹配，没有涉及语义层面。研究人员一直在试图寻找更优的评价方法。针对 BLEU 指标的缺点，研究人员提出了 METEOR 指标。其主要改进点包括：①在进行机器译文和参考译文单词匹配的时候，不仅使用精确匹配（两个单词完全一样），还引入了外部资源进行模糊匹配，包括提取单词词干（stem）进行匹配、同义词匹配等。这样的匹配策略考虑了语义信息。②给予召回率（Recall）更大的权重。召回率可以衡量机器译文单词对参考译文的覆盖程度。召回率越高，说明有更多的参考译文单词在机器译文中出现。

METEOR 的计算公式如下：

$$METEOR = F_{mean} \times (1 - Penalty) \qquad (2-5)$$

F_{mean} 是单词召回率和准确率的调和平均数，计算如下：

$$F_{mean} = \frac{10 \times Recall \times Precision}{Recall + 9 \times Precision} \qquad (2-6)$$

F_{mean} 仅考虑了单词级别的匹配程度。为了鼓励连续单词的匹配，引入了一个惩罚项 Penalty：

$$Penalty = 0.5 \times \frac{N_{chunk}}{N_{matched\_unigram}} \qquad (2-7)$$

N_{chunk} 是机器译文与参考译文匹配的语块（chunk）的个数，一个语块是由位置连续的单词构成的词串。$N_{matched\_unigram}$ 是机器译文与参考译文匹配的单词个数。例如机器译文是"This is a red desk"，参考译文是"This is the red desk"，则有两个匹配的语块"This is"和"red desk"，共 4 个匹配的单词，则 Penalty=$0.5 \times \frac{2}{4}$ =0.25。考虑极端的情况，如果机器译文和参考译文完全匹配，那么匹配的语块个数是 1，此时惩罚力度就很小（$Penalty = 0.5 \times \frac{1}{N_{matched\_unigram}}$）。

如果匹配的语块个数等于匹配的单词个数，意味着匹配的单词位置都不连续，此时惩罚力度就很大（Penalty=0.5）。

与 BLEU 相比，METEOR 与人工评价相关性更强。但是由于引入了外部资源来计算单词匹配，METEOR 的复杂度更高。同时其公式中的权重来自经验值，在具体使用中也增加了不确定性。

四、机器翻译面向产业应用的评价

（一）对比评价方式

在实际应用中，机器翻译系统经常需要迭代升级，此时需要评价新的模型是否优于原来的模型。通常的做法是，首先使用自动评价方式对模型进行自动打分，当自动评价指标有显著提升时，意味着新的模型翻译质量比旧模型好。然而，自动评价指标有时有偏差，需要进一步依靠人工评价以获得更准确的评估结果。例如，依靠人工对译文进行打分（如忠实度、流利度、可理解度等）需要耗费比较大的成本。这种情况下，可以采用对比评价的方式。

具体而言，对新、旧两个模型的译文进行对比，如果新模型的译文比旧模型好，则记 1 分；如果新模型的译文比旧模型差则记 –1 分；两者相当则记 0 分。最后将所有测试句子的得分相加，如果得分为正，则说明新模型优于旧模型，得分越高则说明提升越明显。为了提升评分效率，可以将测试集中新、旧两个模型产生的同样译文的句子自动去掉，仅评价两个模型产生不同译文的句子。

相比于对新、旧两个模型结果独立进行人工评价打分，直接对比两个系统的结果进行打分的工作量和操作难度都降低不少，能够快速地得到评估结论。此外，这种评价方式也适用于对两个系统进行快速比较和排序。

（二）用户反馈方式

用户作为机器翻译服务的直接使用者，其体验和评价无疑是最具参考价值的。因此，听取和收集用户的反馈意见，对于发现问题、改进模型具有至关重要的作用。在实际操作中，我们可以通过多种渠道获取用户的反馈。一方面，可以直接与用户进行交流，了解他们在使用过程中的体验和遇到的问题，这种直接的沟通方式往往能够获取到第一手、最真实的反馈意见。另一方面，我们也可以通过网络公开渠道，如社交媒体、论坛等，收集用户对机器翻译系统的评价。特别是在这些平台上，用户经常会分享一些机器翻译系统生成的错误译文或搞笑译文，这些信息对于我们发现并改进翻译模型中的问题具有极高的价值。值得注意的是，用户反馈并不仅仅局限于对翻译质量的评价。在实际应用中，用户还会关注翻译速度、系统稳定性、易用性等多个方面。因此，在收集和分析用户反馈时，我们需要全面考虑，以确保对机器翻译系统进行全面、客观的评价。

（三）流量分析方式

除了用户反馈外，流量分析也是评价机器翻译系统优劣的重要方式之一。通过设置流量监控，可以实时地了解系统的使用情况，从而自动地发现异常。例如，当系统突然出现流量激增时，可能意味着有大量用户正在同时使用该服务，这时需要关注系统是否能够承受住这种压力，以及翻译质量是否会因为用户量的增加而下降。另外，如果同一段内容被反复翻译，也可能意味着翻译模型出现了错误，导致用户需要反复验证、传播。通过观察和分析这些流量波动，可以进一步定位问题所在，并对系统进行相应的优化。

在产业应用中，除了关注翻译质量和用户反馈外，系统性能也是衡量机器翻译系统优劣的重要指标。这包括翻译速度、内存占用、CPU 使用率等多个方面。特别是在一些对实时性要求较高的应用场景中，如在线翻译、实时语音翻译等，翻译速度的快慢直接关系到用户的使用体验。因此，在评价机器翻译系统时，需要综合考虑多个方面，以确保其在实际应用中的稳定性和高效性。

五、机器翻译质量评估的研究展望

伴随着机器翻译技术的快速发展，机器翻译质量评估取得了长足的进步，展现出巨大的应用潜力。"在语言服务行业，由于目的和需求不同，质量评估的应用场景也多种多样。"[①] 未来，机器翻译质量评估研究应着力在以下三方面加强：

第一，提高自动评估的准确率。机器翻译质量评估的首要任务是提高自动评估的准确率与可靠性。目前，机器翻译质量自动评估方法的实时性、一致性较高，因而备受青睐。然而，自动评估方法尚不成熟，准确率亟待提高。因此，未来研究的一个重点是改进机器学习算法、通过大规模预训练模型提高自动评估方法的准确率和可靠性。

第二，增加翻译质量评估维度。机器翻译质量评估需要增加评估维度，拓展

① 王均松，庄淙茜，魏勇鹏.机器翻译质量评估：方法、应用及展望[J].外国语文，2024，40（03）：135-140.

评估对象和评估内容。一方面，机译评估的对象不能仅仅局限于译文，而应将原文也纳入其中，因为如果原文的质量较差，那么机器翻译很难产出质量较高的译文。另一方面，目前的自动评估方法主要关注语言形式上的相似度或语义内容的相关性。未来的研究重心应是如何将译文的形式特征和语言特征相结合，进行综合评估。为此，需要探索新的评估方法和技术，以更全面地评估机器翻译的质量。

第三，深耕垂直细分领域评估。机器翻译质量评估的一个重要发展趋势是深耕垂直细分领域。目前，大多数机器翻译引擎主要面向通用领域进行开发，因此在应用于特定专业领域的翻译时，其质量往往无法满足需求。为了弥补这一缺陷，许多机器翻译公司已经开始致力于打造面向特定垂直细分领域的语料库和术语库，以提升机器翻译的产出质量。例如，百度机器翻译引擎已经提供了学术论文、生物医药、信息技术、金融财经等九个领域的在线翻译服务。未来，针对特定专业领域的机器翻译质量评估将成为一个极具潜力的发展方向，并呈现出蓬勃发展的趋势。

第三章　功能语言学视角下的机器翻译技术

第一节　功能语言学对翻译实践的指导作用

一、翻译理论中的功能语言学视角

（一）翻译的功能主义途径

功能主义途径在翻译理论中占据重要地位，其核心思想是将翻译视为一种目的性活动，强调翻译行为应服务于特定的交际目的。功能语言学的视角进一步深化了这一理论，认为翻译不仅是语言形式的转换，更是功能和意义的传递。在这一视角下，翻译实践应关注原文和译文在不同语境中的交际功能，确保翻译结果能够满足目标语言读者的预期和需求。

翻译的功能主义途径要求翻译者不仅要理解原文的字面意义，还要把握其深层功能和目的。这涉及到对原文的语境、文化背景、作者意图等方面的深入分析，从而在翻译过程中做出恰当的调整和选择。例如，广告文本的翻译不仅要传达信息，还要吸引目标市场的消费者，激发其购买欲望。因此，翻译者需要在忠实原文的基础上，考虑目标语言文化的特点和消费者的接受习惯。

（二）翻译功能目的论

功能目的论是功能语言学在翻译理论中的具体应用，它强调翻译应以实现特定的交际目的为首要目标。翻译的质量和效果不仅取决于语言形式的转换，更取决于翻译是否能够满足目标读者的交际需求。功能目的论的核心是"目的性"，即翻译行为应服务于特定的交际目的，并在这一目的的指导下进行语言选择和调整。

在功能目的论的指导下，翻译者需要对原文的交际目的进行深入分析，明确翻译的目标读者和使用场景。这要求翻译者具备跨文化交际的意识和能力，能够在不同的文化和语言背景下进行有效的沟通。例如，在法律文本的翻译中，翻译者不仅要准确传达原文的法律条款，还要考虑目标语言的法律体系和文化背景，确保译文在目标语言环境中具有相应的法律效力。

（三）翻译的语域分析

语域分析是功能语言学中的一个重要概念，它关注语言在特定语境中的功能和表现形式。在翻译理论中，语域分析有助于翻译者更准确地理解和再现原文的交际意图和效果。通过对原文的语域特征进行分析，翻译者可以更好地把握原文的语言风格、语气、情感色彩等，从而在翻译过程中做出恰当的选择和调整。

语域分析包括对语言的多种维度的考量，如语场（语言使用的主题和内容）、语旨（语言使用的交际目的和意图）、语式（语言使用的形式和风格）。在翻译实践中，翻译者需要综合考虑这些因素，确保译文在语域特征上与原文相匹配。例如，在文学翻译中，翻译者需要捕捉原文的诗意和美感，再现其艺术效果；在科技翻译中，则需要注重准确性和专业性，确保术语和概念的准确传达。

（四）功能加权与翻译策略

功能加权是功能语言学中的一个重要概念，它强调在语言使用中对不同功能的重视程度。在翻译理论中，功能加权为翻译者提供了一种策略，帮助他们在翻译过程中做出恰当的语言选择和调整。功能加权的核心是权衡不同语言功能的重要性，根据翻译的目的和语境，确定哪些功能应被优先考虑。

在翻译实践中，功能加权要求翻译者对原文和译文的功能需求进行全面分析。这不仅包括对原文的语义、语法、语用等方面的考量，还包括对目标语言读者的预期和需求的考虑。例如，在旅游文本的翻译中，翻译者可能需要优先考虑信息传递和吸引读者的功能，而在诗歌翻译中，则可能更注重情感表达和艺术效果。

功能加权还涉及到对翻译策略的选择。翻译者需要根据原文的功能需求和目标语言的特点，选择适当的翻译方法和技巧。这可能包括直译、意译、增译、减译等不同的翻译策略。例如，在处理含有丰富文化内涵的原文时，翻译者可能需要采用解释性翻译或注释性翻译，以帮助目标语言读者理解原文的文化背景和深层含义。

通过功能加权和翻译策略的综合运用，翻译者能够更好地实现翻译的目的，确保译文在不同语境中发挥其应有的交际功能。这种以功能为导向的翻译实践，不仅能够提高翻译的质量和效果，还能够促进跨文化交流和理解。

二、功能语言学视角下的文本分析

在功能语言学视角下进行文本分析，是理解和诠释语言在特定语境中的使用模式的一种系统方法。这种方法不仅在理论上具有深刻的意义，而且在实践中，尤其是在翻译领域，具有广泛的应用价值。

（一）语篇分析在翻译中的应用

语篇分析在功能语言学中占据核心地位，通过对语篇的详细分析，可以揭示文本的组织结构、意义构建和交际意图。翻译实践中，语篇分析的应用尤为重要，因为翻译不仅是语言符号的转换过程，更是文化和交际意图的传递。通过语篇分析，翻译者能够深入理解原文的主旨和逻辑关系，识别出文本的风格特征，从而在目标语言中重现这些要素，确保译文的连贯性和一致性。翻译中的语篇分析需要超越单个句子或短语的层面，从宏观角度审视整个文本，分析文本的宏观结构、段落组织、信息流和篇章标记。这种宏观分析有助于翻译者更全面地理解原文，从而在翻译过程中做出更精准的语言选择和调整。

（二）功能语言学的文本分析框架

功能语言学提供了一个分析文本的框架，即语域、语旨和语式。这三个维度共同构成了文本的语篇功能。语域是指文本所讨论的主题或内容，它决定了文本的专业术语和概念选择。在翻译过程中，准确把握原文的语域，可以确保译文的专业性和准确性。语旨涉及文本中的社会关系和角色，这不仅包括说话人与听话人之间的关系，还包括文本所表达的社会文化意义。在翻译中，维护原文的语旨，对于保持文本的社会文化内涵至关重要。语式则指文本的语言风格和表达方式，包括叙述、描述、论证等。在翻译实践中，根据原文的语式选择合适的语言风格，可以提高译文的可读性和表现力。这三个维度的综合分析，有助于翻译者全面理解原文的语境和功能，从而在目标语言中做出恰当的调整和选择。

（三）语篇功能在翻译中的体现

在功能语言学理论中，语篇的达意功能、人际功能和组篇功能为文本分析提供了一个系统的框架。达意功能涉及文本所表达的概念内容和经验世界。在翻译过程中，达意功能的体现要求翻译者准确传达原文的事实信息和逻辑关系。人际功能关注文本中的社会互动，包括说话人与听话人之间的交流和情感表达。翻译者需要在译文中重现原文的语气、情态和情感色彩，以维护原文的交际意图。组篇功能则指文本如何组织和连接，以形成连贯的语篇。翻译者需要确保译文在结构和逻辑上与原文保持一致，同时适应目标语言的表达习惯。这三大元功能的平衡和转换对于实现高质量的翻译至关重要。

（四）源语言与目标语言文本对比

功能语言学视角下的源语言与目标语言文本对比，不仅涉及语言形式的差异，更关注语言功能和语篇效果的差异。语言形式对比要求翻译者识别两种语言在语法结构、词汇资源和表达习惯上的差异，并考虑如何在译文中恰当地表达原文的意义。语言功能对比需要分析原文的语言功能，如信息的传递、情感的表达和社会关系的构建，并探讨这些功能如何在目标语言中得以体现。语篇效果对比则要求翻译者评估原文的语篇效果，如说服力、感染力和可读性，并在译文中寻求相似的效果。通过这种对比分析，翻译者能够更好地理解源语言文本的特点，并在目标语言中创造性地再现这些特点，实现有效的跨文化交际。

三、翻译实践中的功能语言学应用

在翻译实践中，功能语言学的应用具有重要意义，它为翻译者提供了一套系统的理论框架和方法论，使得翻译过程更加科学化和合理化。通过功能语言学，翻译者能够在不同语境下做出更加精确和有效的翻译决策，从而提高译文的质量和功能对等性。

（一）功能语言学指导下的翻译流程

功能语言学指导下的翻译流程，包括预分析、制定翻译策略、文本转换以及审校与评估四个阶段。在预分析阶段，翻译者需要对源文本进行全面的语篇分析，识别其语域、语旨和语式等特征，并明确文本的交际目的和功能。这一过程有助于翻译者全面理解源文本的背景和内涵，为后续的翻译工作打下坚实的基础。制定翻译策略阶段，翻译者需根据预分析的结果，确定翻译的重点，并制定相应的策略，如语言的达意功能和人际功能等。文本转换阶段，翻译者需要将源文本的信息和功能转换成目标语言，确保译文在语义、风格和交际意图上与原文保持一致。审校与评估阶段，通过对初稿的审校和评估，确保译文在语言和功能上与原文相匹配，并符合目标语言的文化和交际习惯。

（二）语境分析与功能对等

语境分析是功能语言学在翻译中应用的关键环节。翻译者必须深入分析源文本的语境，包括文化、社会和情境等因素，以确保译文能够准确传达原文的意图和情感。功能对等则是指在翻译过程中追求源文本和译文在功能上的一致性，而不仅仅是形式上的相似。在实际翻译中，语境分析可以帮助翻译者识别原文的隐含意义、言外之意和文化特定元素，这对于保持译文的忠实度和可读性至关重要。功能对等则要求翻译者在忠实原文的基础上，适当调整语言形式，以适应目标语言的交际习惯和文化预期。

（三）处理文化差异中的作用

文化差异是翻译过程中不可避免的挑战。功能语言学提供了一种视角，帮助翻译者识别和处理源语言和目标语言之间的文化差异。文化特定元素的处理是翻译中的一个关键问题，翻译者需识别源文本中的文化特定元素，并根据目标语言的文化背景进行适当的调整或解释。功能语言学强调语用意义的重要性，翻译者应努力传达原文的隐含意义和社会文化含义，以确保译文在目标文化中具有同等的交际效果。此外，翻译者还需考虑译文在目标文化中的可接受性和适应性，避免文化误解和冲突。功能语言学的应用有助于翻译者在忠实原文的同时，实现跨文化的有效沟通，从而提高翻译的质量和效果。

四、功能语言学在计算机辅助翻译中的应用

功能语言学在计算机辅助翻译中的应用不仅拓展了翻译实践的理论深度，同时也为翻译技术的发展提供了新的视角和方法。

计算机辅助翻译工具的发展是现代翻译实践的重要组成部分，这些工具通过集成各种翻译记忆、术语库和机器翻译引擎，大大提高了翻译的效率和一致性。技术的进步使得 CAT 工具的功能不断扩展，包括自动翻译建议、上下文分析、质量保证检查等功能，这些发展使得功能语言学理论在翻译过程中的应用更加广泛和深入。

功能语言学的理论框架为 CAT 工具的设计和使用提供了重要的指导。通过对源文本进行语篇分析，CAT 工具可以更好地理解文本的语域、语旨和语式，从而提供更为准确的翻译建议。功能语言学强调语言的达意功能、人际功能和组篇

功能，这些概念帮助 CAT 工具更有效地处理文本中的语义、情感和社会关系层面的内容，使翻译不仅在语言形式上更加准确，而且在功能上也更加贴合原文。

（一）功能语言学视角下的机器翻译评估

机器翻译是 CAT 工具中的重要组成部分，它通过算法将源语言文本转换为目标语言文本。然而，机器翻译的质量受到多种因素的影响，包括语言的复杂性、文化差异和上下文依赖性等。功能语言学提供了一种评估机器翻译质量的视角，强调翻译的交际功能和语篇连贯性。

从功能语言学的角度看，机器翻译的评估不仅要关注语言形式的准确性，还要考虑翻译是否能够实现原文的交际目的和语篇功能。例如，一个机器翻译输出如果能够准确传达原文的意图和情感，即使在某些词汇选择上存在偏差，也可以认为是一个成功的翻译。

（二）功能语言学在翻译记忆库构建中的应用

翻译记忆库是 CAT 工具中的关键组件，存储了以往翻译项目中的文本和翻译，以便在新的翻译任务中进行匹配和复用。功能语言学的理论可以指导翻译记忆库的构建和管理，确保库中的翻译不仅在语言形式上准确，而且在功能上与原文相匹配。功能语言学的视角帮助翻译者识别和分类不同的文本类型和语篇功能，从而提高翻译记忆的检索效率和应用效果。对于具有强烈人际功能和组篇功能的文本，翻译记忆库可以提供更加丰富和适应性强的翻译选项，这不仅提高了翻译效率，还增强了译文的功能适配性。

（三）功能语言学对翻译项目管理的影响

功能语言学的理论对翻译项目管理也有着深远的影响。翻译项目管理涉及对翻译项目的计划、组织、协调和控制，功能语言学强调翻译项目应该基于源文本的语篇功能和交际目的进行管理。在翻译项目管理中，功能语言学的应用帮助项目经理更好地理解项目的需求和目标，制定合理的翻译策略和质量标准。对于科技文本，翻译项目可能需要重点关注术语的准确性和一致性；而对于营销材料，则需要更多地考虑文化适应性和说服力。功能语言学的应用使项目经理能够更有效地协调翻译资源，控制翻译质量，满足客户需求，提高翻译项目的成功率。

第二节　机器翻译中的功能语言学应用方法

一、功能语言学在机器翻译输入处理中的应用

（一）源语言文本的语篇分析方法

功能语言学提供了一套全面的分析工具，使得翻译者和机器翻译系统能够深入理解文本的语境、结构和功能。这一过程主要涉及对源文本的语域、语旨、语式以及文本的三大元功能——达意功能、人际功能和组篇功能的细致分析。通过语域分析，机器翻译系统可以准确识别文本的主题和内容，特别是专业术语和关键概念，从而提供精确的术语匹配。语旨分析则关注文本中的关系层面，包括作者与读者之间的关系及文本所体现的社会角色。语式分析则聚焦于文本的语言风格和组织方式，如叙述、描述、说明等。通过这些细致分析，机器翻译系统能够获取丰富的上下文信息，提高翻译的准确性和适应性。

（二）预处理阶段的语境分析与功能识别

语境分析与功能识别在预处理阶段起着关键作用。语境分析确保机器翻译系统能够捕捉到文本的社会文化背景和隐含意义，使翻译输出能够适应目标语言的文化和交际习惯。功能识别则帮助系统理解文本的交际目的和语篇功能，确保翻译输出能够实现原文的交际意图。这些分析为机器翻译系统的算法提供了必要的语义和功能信息，有助于生成更加自然和符合预期的翻译结果。通过对文本使用环境的考察，包括地域、文化、情景等因素，语境分析能够有效提升翻译的文化适应性。而功能识别通过确定文本的主要交际目的，如信息传递、说服、娱乐等，使机器翻译系统在输出翻译时能够保持原文的意图和效果。

（三）文本规范化与适应性调整

规范化旨在确保输入文本的一致性和标准化，从而减少翻译中的误差。规范化过程可能包括对特定术语的统一处理、对标点和格式的标准化以及对语法结构的调整。这些措施确保机器翻译系统在处理文本时能够保持高水平的一致性和准确性。适应性调整则针对目标语言和文化进行必要的文本修改，确保翻译结果能够在目标语境中得体、准确。例如，适应性调整可能涉及对比喻和习语的文化适

应性修改，以及对专业术语的适当解释或替换。通过这些调整，机器翻译系统能够更好地处理输入文本，生成在目标语境中合适的翻译。

（四）多领域机器翻译输入处理中的应用价值

不同领域的文本具有不同的语言特征和专业术语，功能语言学的方法能够帮助机器翻译系统更好地理解和翻译源文本。在技术领域，翻译需要对专业术语和概念进行精确匹配，功能语言学的语域分析能够识别关键技术术语，从而确保翻译的准确性。在法律文件的翻译中，语言的精确性和正式性至关重要，功能语言学的语境分析和功能识别能够确保翻译具有法律效力。医疗记录的翻译要求高度的准确性和对患者状况的敏感性，功能语言学的方法能够帮助系统理解医疗术语和诊断描述。在文学翻译中，文本的美学价值和情感表达尤为重要，功能语言学的人际功能和组篇功能分析能够捕捉原文的艺术风格和情感色彩。功能语言学的应用不仅提高了机器翻译的准确性，还增强了翻译的适应性和交际效果，使其能够满足不同领域和语境的需求。

二、功能语言学对机器翻译过程的优化

（一）编码阶段功能语言学的应用

编码阶段是机器翻译过程中的关键步骤，涉及将源语言文本转换为中间表示形式，以便目标语言的解码。功能语言学的应用在这一阶段发挥着至关重要的作用。

功能语言学强调语言的社会性和语境依赖性，这要求机器翻译系统在编码时不仅要考虑词汇和语法结构，还要深入分析文本的语域、语旨和语式。通过识别文本的交际目的和语篇功能，机器翻译系统能够生成更加符合原文意图的中间表示，为解码阶段提供丰富的语义信息。

此外，功能语言学的三大元功能——达意功能、人际功能和组篇功能——为编码阶段提供了分析框架。例如，达意功能的分析有助于系统捕捉文本的主题和内容，人际功能的分析有助于理解作者与读者之间的关系，而组篇功能的分析则有助于构建文本的连贯性和逻辑结构。

（二）文化适应性问题

文化适应性是机器翻译中的一个重要议题，功能语言学为此提供了独特的视角。语言是文化的载体，翻译过程中必须考虑到源语言和目标语言之间的文化

差异。

　　功能语言学视角下的文化适应性问题要求机器翻译系统在编码和解码过程中识别和处理文化特定元素。这包括习语、典故、比喻等文化负载词，以及与特定文化背景相关的语境和隐含意义。机器翻译系统需要对这些元素进行适当的调整或解释，以确保翻译输出在目标文化中的可接受性和自然性。

　　此外，功能语言学还强调语言的交际功能，这要求机器翻译系统在处理文化适应性问题时，不仅要考虑语言的形式对等，还要考虑功能对等和目的对等。例如，一个在源文化中具有强烈说服功能的广告文本，在翻译成目标语言时，可能需要调整其语言风格和策略，以适应目标文化的特点和消费者的预期。

　　（三）算法改进与实时监控

　　进一步提出针对机器翻译算法的改进建议，功能语言学的理论框架和分析方法为此提供了重要的指导：①算法应更加重视上下文信息的建模，包括语篇、语域和语旨等层面的分析，以提高翻译的连贯性和逻辑性；②功能对等的概念应纳入算法设计的考量，追求在语言功能和交际目的上的对等而非仅仅是形式上的对等；③算法需要集成文化适应性机制，识别和处理文化特定元素，以增强翻译的文化适应性和语境适应性。最后，为了实现算法的持续优化，应包含实时监控和反馈调整机制，根据翻译输出的质量反馈进行自我优化和改进。

　　在实时监控与调整方面，功能语言学提供了有益的方法论。系统可以通过实时评估翻译输出的质量，分析错误的性质和原因，并根据反馈结果及时调整翻译策略和算法参数，以提升翻译的精确性和效率。此外，引入用户交互机制，允许用户对翻译结果进行评价和反馈，有助于系统更好地理解用户需求和语言使用情境，进而优化翻译过程。

三、功能语言学在机器翻译输出后编辑中的应用

　　机器翻译（MT）后编辑作为确保翻译质量的关键环节，其重要性不可忽视。后编辑过程涉及对机器生成的翻译输出进行评估、修改和优化，以满足特定的语言质量和功能要求。然而，后编辑面临诸多挑战，包括处理直译错误、语义偏差、风格不一致以及文化不适应等问题，这些问题需要通过功能语言学的方法来有效解决。

　　功能语言学为后编辑提供了理论支持，强调从语言的功能角度出发，关注翻

译输出是否能够实现源文本的交际目的和语篇功能。后编辑者在进行评估和修改时，需要深入理解原文的语境，包括文化、社会和情景等方面。通过语境重构，他们确保翻译输出能够在目标语言中恰当地再现原文的语境，从而保持信息的完整性和准确性。另外，功能语言学的应用还涉及到功能对等等级的确定。根据原文的交际目的和语篇功能，后编辑者确定优化策略，例如是否需要调整翻译输出的信息传递效果、说服力或者娱乐性。这种精准的功能定位有助于提高翻译的实际效果，使得翻译结果不仅仅是语言形式上的对等，更是在功能上的有效传达。

此外，功能语言学还强调语篇的连贯性和一致性。后编辑者需要检查并增强翻译输出的连贯性，确保文本的逻辑性和流畅性。通过调整语言的结构和词汇选择，他们使翻译更加符合目标语言的语言习惯和表达方式，从而增强读者的阅读体验和理解效果。

文体和语域的适配也是功能语言学在后编辑中的重要应用方向。后编辑者根据文本的特性和目标读者的预期，调整翻译输出的文体和语域。在不同领域和文化背景下，这种适配能够使翻译更加贴近目标读者的认知和接受程度，提升翻译的文化适应性和交际效果。

功能语言学在评估与改进机器翻译输出中的应用尤为显著。评估过程中，后编辑者利用功能语言学的方法评估翻译输出是否有效地实现了原文的交际目的。他们通过分析翻译输出的达意功能、人际功能和组篇功能，确保翻译在语义、情感和社会关系层面与原文相匹配。此外，他们还检查翻译输出的语言自然性和流畅性，评估其是否符合目标语言的语言习惯和表达方式，从而提高翻译的整体质量和接受度。

在实际的后编辑过程中，功能语言学的应用能够通过多个领域的具体实例得以体现。例如，在技术文档的后编辑中，功能语言学帮助后编辑者识别和修正专业术语的误译，确保技术信息的准确性和清晰性。在法律文本的后编辑中，功能语言学的应用有助于提高翻译的法律效力，确保语言的精确性和正式性。对于文学作品的后编辑，功能语言学则帮助捕捉原文的文学风格和情感色彩，提升翻译的审美效果和文学价值。最后，在多模态文本的后编辑中，功能语言学的方法能够分析和调整文本与其他模态元素的关系，保持整体交际效果的一致性和完整性。

四、功能语言学在构建翻译记忆与术语库中的应用

翻译记忆（TM）和术语库在机器翻译（MT）中扮演着至关重要的角色。翻译记忆通过存储先前翻译的文本段，为机器翻译提供上下文相关的翻译建议，从而提高翻译的一致性和效率。术语库则包含特定领域内的标准化术语及其对应翻译，确保专业术语的准确性和统一性。功能语言学的视角强调语言的社会性和功能性，这对于翻译记忆和术语库的构建和应用具有指导意义。它要求我们在构建这些资源时，不仅要考虑语言的形式对应，还要关注语言的功能和语境适应性。

（一）翻译记忆库构建方法

功能语言学强调语言的社会性和功能性，要求在构建翻译记忆和术语库时不仅考虑语言形式的对应，还需关注语境的适应性。这意味着在存储和检索翻译记忆时，必须考虑到文本的语篇结构、语境信息以及达意功能、人际功能和组篇功能等多重因素。通过深入的语篇分析，系统能够更精确地匹配并应用先前翻译的信息，从而提高翻译的准确性和一致性。"翻译记忆是一种帮助专业翻译人员避免重复翻译的工具，其保留之前完成的翻译句对并存储在翻译记忆库中，进而在之后的翻译过程中通过检索去重用这些翻译。"①

功能语言学视角下的翻译记忆库构建方法涉及以下关键步骤：

第一，语篇分析。对源文本进行深入的语篇分析，识别其语域、语旨和语式，以及达意功能、人际功能和组篇功能。

第二，语境考量。在翻译记忆的存储和检索过程中，考虑文本的语境信息，确保翻译建议与原文的语境相匹配。

第三，功能对等。在翻译记忆的匹配和应用中，追求功能对等，确保翻译输出能够实现原文的交际目的和语篇功能。

第四，反馈循环。建立反馈机制，根据翻译实践的反馈不断优化翻译记忆库的内容和结构。

（二）术语库的构建与维护更新

功能语言学在术语库的构建过程中强调术语的功能角色和语境适应性。术语不仅仅是单纯的词汇，它们在语篇中承担着特定的功能和意义，尤其在专业领域

---

① 曹骞，熊德意. 基于数据扩充的翻译记忆库与神经机器翻译融合方法 [J]. 中文信息学报，2020，34（5）：36–43.

中更为显著。功能语言学要求术语库不仅提供术语的简单对应翻译，还要考虑到其在不同语境和交际目的下的变化和使用。因此，术语库的构建需要建立起术语的语义网络，揭示术语之间的关系和搭配模式，为机器翻译系统提供更为丰富和精确的语义资源。

在翻译记忆库的维护与更新方面，功能语言学提供了持续的语篇分析方法。定期对翻译记忆库中的文本进行语篇分析，能够识别新的语境和功能模式，以及修正旧有的不准确或过时的翻译建议。此外，功能语言学强调实时的反馈机制，通过翻译实践的反馈调整翻译记忆库的内容和结构，以保证翻译建议的相关性和准确性。这种动态的管理方式不仅能提升机器翻译系统的性能，还能适应不断变化的语言使用和专业领域的发展需求。

五、功能语言学在机器翻译系统开发中的应用

功能语言学对机器翻译系统设计的影响是深远的。它提倡从语言的功能角度出发，关注语言的使用目的和交际效果，这为机器翻译系统的设计提供了新的视角。在系统设计中，功能语言学的应用主要体现在三个方面：①用户需求分析，功能语言学强调理解语言使用者的需求，这要求机器翻译系统设计者深入了解目标用户群体的翻译需求和使用场景；②翻译策略制定，功能语言学的语域、语旨和语式分析有助于制定合适的翻译策略，确保翻译结果能够满足特定语境下的功能需求；③系统架构构建，功能语言学的理论框架可以指导系统架构的设计，使系统能够灵活处理不同类型的语言材料和翻译任务。

（一）用户界面设计中的功能语言学考量

功能语言学视角下的用户界面设计实践，深刻体现了对用户认知行为模式的尊重与引导。

首先，直观性设计原则在功能语言学的启示下，强调界面布局的合理性与元素标识的明确性。这一策略旨在通过减少用户的认知负荷，加速其从视觉信息到操作意图的转化过程。通过精心设计的图标、直观的操作流程以及符合用户直觉的交互逻辑，用户界面能够有效地引导用户快速掌握机器翻译系统的使用方法，从而提升整体的操作效率与流畅度。

其次，语境适应性作为功能语言学在用户界面设计中的另一重要体现，要求界面不仅能够呈现翻译结果，还需提供足够的上下文信息或情境线索，以帮助用

户准确理解翻译内容的意图与适用场景。这种设计思路有助于增强翻译输出的实用性和准确性，使得用户能够在不同交流环境中更加自信地运用翻译成果。

此外，个性化设置功能的引入，则是功能语言学对用户差异性关注的具体实践。通过允许用户根据个人偏好、使用习惯及特定需求，对界面布局、语言风格、翻译偏好等进行灵活调整，用户界面设计不仅满足了用户的个性化需求，还进一步提升了用户体验的深度与广度。这种定制化的设计策略，有助于增强用户对机器翻译系统的归属感与忠诚度，促进人机交互关系的持续优化与发展。

（二）功能语言学在机器翻译系统测试中的应用

在机器翻译系统的全面质量保障体系中，系统测试占据着举足轻重的地位，它是验证翻译引擎性能与准确性的基石。功能语言学的引入，为这一关键流程注入了新的理论视角与实践方法，极大地丰富了测试维度与深度。具体而言，功能语言学在机器翻译系统测试中的应用，可以细化为以下方面：

1．功能导向的精准测试

功能语言学强调语言的多功能性，即语言不仅用于传递信息（达意功能），还涉及人际关系的构建（人际功能）以及语篇结构的组织（组篇功能）。在机器翻译系统测试中，这一理论框架促使测试者超越单纯的词义对应与句法结构准确性，转而关注系统是否能够有效再现原文的多维度功能。通过设计特定的测试案例，模拟不同交际场景与目的，测试人员能够全面评估系统在不同功能需求下的表现，确保翻译结果不仅准确无误，而且能够传达原文的深层意图与情感色彩，以及维持原文的篇章连贯性与逻辑性。

2．语境敏感性的深度评估

语境是语言理解与表达不可或缺的因素，它决定了词汇与句式的选择与解释。功能语言学视角下的语境适应性测试，要求测试过程必须充分考虑目标语言的文化背景、社会习惯及交际规范，以检验机器翻译系统在不同语境下的适应性与灵活性。这一测试环节不仅关注翻译结果是否符合语法规则，更重要的是评估其是否能够在目标语言环境中自然流畅，避免文化冲突与误解。通过模拟多样化的语境条件，如正式与非正式场合、不同地域文化背景下的表达习惯等，测试人员能够系统地评估系统对于语境变化的敏感度与应对能力，从而不断提升翻译输出的质量与可接受度。

3. 用户中心的综合反馈

用户作为机器翻译系统的最终使用者，其反馈对于评估系统性能具有不可替代的价值。功能语言学强调语言的社会性与交际性，因此，用户测试不仅是收集技术层面数据的手段，更是评估系统是否能够满足用户实际需求、提升用户体验的重要途径。在用户测试中，应设计科学合理的问卷与访谈，覆盖不同用户群体（如专业译者、普通用户、跨文化交流者等），以全面了解系统在实际应用中的功能表现、易用性以及用户满意度。通过深入分析用户反馈，可以精准定位系统存在的问题与不足，为后续的优化与改进提供宝贵依据。同时，用户测试也是一个双向互动的过程，通过用户的直接参与，可以激发新的需求与创意，推动机器翻译系统向更加智能化、人性化的方向发展。

（三）功能语言学在机器翻译系统迭代与优化中的角色

功能语言学在多个维度上深刻影响着系统性能的精进与功能的拓展。

第一，数据分析层面，功能语言学提供了一套严谨的分析框架，用以审视用户反馈与翻译输出数据的内在逻辑与关联。这一方法不仅有助于精准识别翻译系统在处理特定语言现象时的优势所在，更能敏锐捕捉其存在的不足与局限性，为后续的优化工作指明了方向。

第二，算法优化方面，功能语言学的理论洞见直接作用于翻译算法的精细化调整。通过对语言功能、语境因素及交际意图的深入理解，开发者能够设计出更加精准高效的翻译策略，从而在提升翻译准确性的同时，增强系统对不同语境和文体的适应性，使翻译结果更加贴近自然语言的实际使用情况。

第三，功能语言学还促进了机器翻译系统功能的全面增强。这包括但不限于扩展对新领域语言现象的支持能力，以应对日益多样化的翻译需求；同时，在用户界面与交互设计上的不断革新，也是功能语言学理念在用户体验优化方面的直接体现。这些努力共同推动了机器翻译系统向更加智能化、人性化的方向发展。

第四，功能语言学所秉持的开放性与前瞻性，激励着系统开发者保持对语言学理论及技术进步的敏锐感知与持续学习。这种学习态度不仅确保了翻译系统能够紧跟时代步伐，不断吸收最新研究成果，更为其在复杂多变的翻译场景中实现持续创新奠定了坚实基础。

第三节　功能语言学视角下的翻译评估标准

一、功能语言学视角下的翻译评估新标准

（一）功能对等与交际效果

功能对等与交际效果在功能语言学评估中具有关键意义。传统的翻译评估往往局限于字面上的对等，而功能对等则更深入地关注翻译是否能够在目标语言和文化环境中实现与原文相同的交际效果。这一理念强调了翻译不仅仅是语言形式的转换，更重要的是传达原文的意图和目的。

在功能对等的评估过程中，首要考虑的是翻译是否准确传达了原文的交际意图。这包括了原文所设定的说服、告知或者娱乐的目的，翻译需要在目标语言中引起与原文相类似的反应和理解。这种关注点不仅要求翻译者理解原文的意图，还需要适应目标文化的语境和语用约定，以确保翻译文本在新的环境中能够有效地实现交际功能。功能对等评估也涉及到读者的反应预期。评估翻译的成功不仅在于是否传达了原文的信息，更在于是否能够在目标读者中引起预期的情感反应和思维模式。这种预期的一致性对于翻译的效果至关重要，它直接影响到翻译的接受度和实际应用效果。

另外，功能对等的多维度评估是评价翻译质量的重要标准。除了语言形式的准确对应外，还需要考虑翻译在达意、人际交往和组篇功能上的对等性。这意味着翻译不仅要在语义层面保持一致，还需考虑到文化背景、社会语境和传播目的的多方面因素，从而实现更加全面和有效的翻译效果。

（二）语境分析与文化适应性

语境分析与文化适应性在翻译评估中扮演着关键角色，对于确保翻译的准确性和有效性至关重要。语境的多维性要求评估者深入把握源文本的语境特征，涵盖社会、文化和情景等多个层面。这种全面的分析不仅仅是对文字背后含义的理解，更是对信息传递背景的深入把握，从而为翻译提供准确的文化支持和语境依据。文化适应性则是语境分析的重要延伸。翻译评估必须考察翻译文本是否进行了必要的文化调整，以确保在目标文化中的合理性和可接受性。这包括语言风格、

隐含信息、文化习惯和社会价值观等方面的适应，以避免因文化差异而导致的误解或冲突。

语境与功能的关联是评估翻译效果的重要考量。翻译文本在不同的语境中可能承担不同的功能，因此评估其在新语境中是否能够有效实现原文本的功能变得至关重要。这种功能的持续性保持，不仅考验着翻译的适应能力，也反映了翻译过程中的深度理解和精准调整。

（三）语篇连贯性与信息结构

语篇连贯性与信息结构在翻译质量评估中具有显著的重要性。

首先，逻辑连贯性作为评估标准，要求翻译文本能够清晰、有条理地展示原文的论证过程和推理链条。这不仅仅是语言形式上的正确转换，更涉及到翻译者对原文逻辑结构的准确把握和传达，以确保读者能够在翻译文本中理解和追踪论证线索，达到与原文相近的认知效果。

其次，信息组织的有效性直接影响到读者对翻译文本内容的理解和把握。翻译文本的信息组织应当能够清晰地呈现出原文的信息架构，使读者能够轻松地获取和理解所传达的信息。这要求翻译者不仅要考虑语言层面的表达，还需在文本结构上保持与原文的一致性，确保翻译文本在语篇层面具备同等的信息密度和组织结构。

最后，衔接与过渡在维持语篇连贯性方面起着关键作用。有效的衔接手段，如连接词、指代关系等，在翻译过程中起到桥梁作用，帮助读者顺畅地理解翻译文本的逻辑关系和信息传递。这些手段不仅在语言层面上提升了翻译文本的流畅性，更在信息结构上保持了连贯性，使得读者在阅读过程中能够自然地跟随论述的发展和思想的转移。

（四）功能语言学视角下的综合评估模型

功能语言学视角下的综合评估模型是一个多维度、多层次的评估框架，旨在全面评估翻译质量的各个方面。

评估模型的构建依据功能语言学的理论框架，涵盖了诸如功能对等、语境适应性和语篇连贯性等多个关键维度。功能对等要求翻译不仅在形式上保持一致，更要在功能和意图上对原文进行有效传达；语境适应性则强调翻译在不同语境下的准确性和自然性；而语篇连贯性则关注翻译文本的逻辑性和结构完整性，以确保信息的有效传递和读者的理解。

　　评估过程的系统化是确保评估结果客观和可比性的关键。通过明确每个评估标准的评价方法和标准，可以有效地对翻译质量进行全面分析和比较。这种系统化的评估过程不仅有助于揭示翻译的优势和不足，还能为改进和优化翻译质量提供具体的指导和方向。

　　评估结果的解释是评估模型应用中的重要环节。通过详细解释评估结果，包括翻译中的优点、存在的问题以及改进建议，能够帮助利益相关者全面理解翻译质量的细节和背后的原因。这种解释不仅提升了评估的透明度和可信度，还为后续的翻译改进工作提供了实质性的支持。

　　评估模型的应用范围广泛，适用于各种类型的翻译任务，如文学、科技、法律等领域。在文学翻译中，可以通过该模型评估译文是否保留了原作的文学风格和情感色彩；在科技翻译中，可以评估翻译是否准确反映了科学术语的专业性和精确性；而在法律翻译中，则可以通过该模型检验翻译是否符合法律文本的严谨性和法律效力。

二、达意功能的评估标准

（一）信息传递的准确性与完整性

　　信息传递的准确性与完整性在翻译评估中扮演着至关重要的角色，直接影响着翻译作品的质量和有效性。准确性是评估翻译是否能够精确、无误地传达原文的意义和信息。这涵盖了确保翻译结果不引入任何误解或歧义，确保信息在语言转换过程中的原汁原味。完整性要求翻译是否能够涵盖原文所有的信息点，确保没有遗漏关键细节或重要信息。评估者需要仔细检查翻译结果，确保其在语言表达上既完整又连贯，不因信息遗漏而影响读者对内容的全面理解。

　　信息的忠实度考量翻译是否能够忠实于原文的意图和语境。这包括避免信息的偏移或曲解，确保翻译在语言形式和语义层面上与原文保持一致，以维护原作者的表达意图和信息传递的原始性。

（二）概念内容与逻辑关系的评估

　　在功能语言学视角下，概念内容与逻辑关系的评估成为评价翻译质量的重要标准之一。概念内容的对应性评估要求翻译是否能够准确地表达原文中的关键概念，保持其专业性和准确性。这包括对术语、定义和具体概念的翻译是否精准到位，以确保翻译文本在传达内容上与原文保持一致。逻辑关系的清晰度评估关注翻译文本中逻辑连接词和句式结构的运用是否清晰明了地反映了原文的逻辑框架。逻辑关系的清晰度不仅体现在句子之间的衔接和逻辑顺序上，还涉及到段落间的逻辑关系和信息流的连贯性。有效的逻辑连接有助于读者准确理解文本的思想发展和推理过程，从而确保信息传递的准确性和完整性。

逻辑推理的准确性评估强调翻译是否能够准确地传达原文的推理过程和结论。这不仅仅是简单地翻译文字，更是确保翻译文本在逻辑推理上与原文一致，从而保持信息的逻辑连贯性和思想的严谨性。逻辑推理的准确性评估涉及到对因果关系、转折关系、递进关系等逻辑连接的恰当运用，以确保翻译文本在逻辑上的连贯性和准确性。

（三）事实性与推理性的评估标准

事实性信息和推理性论述的评估标准在翻译工作中具有显著的重要性，直接影响着翻译成果的准确性和逻辑性。事实性评估要求评估者核实翻译中所陈述的事实是否准确无误，并与原文一致。这涉及到对原文事实性信息的精准理解和翻译过程中的保真性，确保翻译结果在传达事实时不产生失真或误解。推理性评估要求分析翻译中推理过程的合理性和逻辑连贯性。这包括评估翻译者是否能够有效地从给定的前提出发，合理推导出结论，并确保翻译文本在逻辑结构上与原文一致，保持原作者的逻辑推理框架和论证思路。

事实性信息与推理性论述的合理结合是翻译评估中的重要考量。评估者需要关注翻译是否恰当地处理了原文中事实和推理的融合，确保在语言转换过程中既保持了事实的客观性和真实性，又能有效地传递原文的推理逻辑和思维方式。这种综合评估不仅要求翻译者具备扎实的语言功底和逻辑分析能力，也为保证翻译文本在目标语言读者中的理解和接受提供了重要保障。

三、人际功能的评估标准

（一）交际角色与社会关系的评估

在功能语言学的框架下，人际功能扮演着评估翻译成果的重要角色，特别是在处理社会关系和交际角色的准确传达方面。

评估者需确保翻译文本能够准确识别和传达原文中的各种交际角色，这包括作者、读者以及可能的第三方参与者。这种识别不仅仅是简单的命名，更涉及到对社会角色背后的文化和语境因素的深入理解和再现。

社会关系在翻译过程中的再现是评估的关键点之一。翻译需要反映原文中存在的权力结构、社会地位、亲密度等方面的社会关系，以确保翻译文本在目标语言文化中的适切性和贴近度。这种再现不仅仅是表面上的语言形式，更是对文化价值观和社会结构的敏感理解和恰当表达。

评估翻译在交际角色和社会关系方面的一致性是确保翻译质量的重要标准之一。翻译应在保持原文中交际角色和社会关系的基础上，灵活适应目标语言文化的社会结构和语用习惯，使得翻译成果能够在目标读者中产生与原文相当的社会情境效果和交际功能。

（二）语气、情态与情感表达的评估

在评估语气、情态与情感表达的过程中，关注于翻译能否准确地传达原文的语言特征和情感色彩，是确保翻译质量和表达效果的重要方面。

语气的准确性评估要求翻译能够恰当地传达原文中的语气，包括命令、请求、陈述等不同语气的表达方式。这种评估不仅需要关注表面上的语法结构和词汇选择，更要考虑到文化背景和语境因素对语气理解的影响，确保翻译在语言功能上的一致性和准确性。

情态的表达评估关注翻译是否能够恰当地传达原文中的情态，如可能性、必要性、能力等语气语法的表达方式。情态语气不仅限于语法形式，还涉及到作者的意图和信息传达的方式，翻译者需要在语言选择和表达方式上保持原文的信息完整性和意图清晰性，以确保读者能够准确理解文本的含义和作者的态度。

情感表达的自然性评估要求翻译能够自然地传达原文的情感色彩，如愤怒、喜悦、悲伤等情感状态。情感的传达不仅仅是词语的选择和语法结构的使用，更重要的是翻译者能否准确理解原文中的情感内容，并在翻译过程中有效地传递给目标读者，使读者能够在文本中感受到情感的真实性和深度。

（三）语用意义与言外之意的评估

在功能语言学的框架下，评估语用意义和言外之意的传达是确保翻译质量的重要考量因素。

语用意义的准确传达要求翻译能够在目标语言的特定语境中恰当表达原文的实际含义。这不仅仅涉及字面意义的转换，更需要考虑到言语行为背后的社会目的和交际意图，确保翻译文本能够在目标读者中引发与原文相似的语用效果。

言外之意的识别与传达是评估中的另一个重要方面。言外之意指的是文本中

含蓄或间接表达的意图或信息，通常需要读者在语境和文化背景的支持下进行推断和理解。对于翻译来说，能够准确识别并传达原文的隐含意义或暗示，需要翻译者具备对源语言和目标语言文化的深入了解和敏感性分析能力。

评估翻译的语境适应性是确保语用意义和言外之意有效传达的关键。翻译必须能够在不同的文化和语言环境中，以适当的方式呈现原文的语用意义和隐含信息，避免因文化差异而导致的误解或语义偏差。这要求翻译者不仅具备语言表面的翻译能力，更要有跨文化交流和理解的深厚背景知识和实际经验。

四、组篇功能的评估标准

（一）语篇连贯性与衔接手段的评估

在翻译评估中，语篇连贯性的维护是确保翻译文本有效传达信息的关键因素之一。组篇功能强调了翻译文本内部逻辑和意义上的顺畅连接，这要求评估者关注翻译是否能够有效使用各种衔接手段，以促进语句和段落间的自然衔接。

评估过程需要识别翻译文本中所使用的衔接手段。有效的衔接手段包括但不限于连接词、指代、省略和重复等。这些手段在翻译过程中起着桥梁作用，帮助读者理解和整合文本信息，确保文本的信息流畅通顺、层次分明。评估翻译文本的连贯性是否得以维护，即翻译是否保持了原文的逻辑结构和信息组织方式。通过合理运用衔接手段，评估者能够分析翻译是否成功地传达了原文的思想和语篇结构，避免信息在传递过程中的断裂或混淆。

此外，衔接策略的适应性显得尤为重要。评估者需分析翻译中使用的衔接手段是否符合目标语言的表达习惯和语用规范，以确保翻译文本在目标读者中的理解和接受度。适当的衔接策略能够提升文本的可读性和信息传递效果，使得翻译成果更加贴近原文意图和读者期待。

（二）语篇结构与组织逻辑的评估

在评估语篇结构与组织逻辑时，关键在于确保翻译文本的整体布局和论证结构能够有效传达原文的信息和意图。

结构安排的合理性是评估的重点之一。翻译文本应当根据目标语言的文体规范和读者的阅读习惯，合理安排引言、主体和结尾等部分，确保文本在逻辑上紧凑而连贯。组织逻辑的清晰度是确保翻译质量的另一重要方面。评估应关注翻译文本的论证是否有力，是否能够清晰地展现作者的观点和论据，以便读者能够顺畅理解和接受翻译文本的内容。

逻辑关系的准确性直接影响翻译文本的说服力和逻辑严谨性。翻译者需确保翻译中的逻辑关系如因果关系、转折关系等能够准确传达原文的论证结构和思维脉络，从而保持文本的整体论证强度和说服力。

（三）语篇标记与信息流程的评估

在翻译评估中，语篇标记和信息流程的有效管理对于保持文本整体的逻辑结构和信息传递的准确性至关重要。语篇标记作为指示文本结构和信息流程的信号，包括段落标题、列表、小标题等，在翻译中需要被准确识别和再现，以确保翻译文本能够有效指示读者文本的逻辑框架和信息组织方式。评估时，应重点关注翻译是否准确传达了原文的语篇标记，保持了文本结构的清晰和信息流程的顺畅。

信息流程的连贯性是指翻译文本中信息呈现的逻辑顺序和重点分布。评估时需要考察翻译是否按照原文的逻辑和重要性顺序，有组织地呈现信息，避免信息的断裂或错位。此外，翻译者应当确保信息重点的处理恰当，即在翻译过程中准确捕捉和突出原文中的关键概念和论点，保持信息的准确性和完整性。

五、语境分析在翻译评估中的应用

（一）语境的分类与功能

语境分析在功能语言学中扮演着重要角色，其涵盖了对语言使用和理解中各种情境因素的深入考察。在翻译评估中，准确理解和分类语境对于确保翻译的准确性和适宜性至关重要。

语境的分类涵盖了多个维度。语言语境指的是语言形式在使用中的背景和环境，如语言结构、词汇选择等的影响。情境语境关注的是言语行为发生的具体情境，包括场景、时间、参与者之间的关系等。文化语境涉及到语言使用者所处的文化背景和价值体系，影响着语言的意义构建和解读方式。社会语境则考虑了社会因素对语言使用和理解的影响，如社会地位、身份认同等因素。通过对这些不同类型和层面的语境分类，翻译者能够更全面地理解源文本的背景和意图，从而选择合适的翻译策略和表达方式。

语境的功能在翻译评估中具有重要意义。语境不仅影响着语言的表面意义，更深刻地塑造了交际行为的规范和期待。翻译过程中，理解和分析语境如何影响语言的意义构建，有助于翻译者准确把握原文的语用意义和言外之意。例如，在面对不同的社会语境时，翻译者需要考虑如何调整语言表达方式，以保持原文的社会角色和关系。

（二）语境对翻译评估的影响

语境在翻译评估中扮演着关键角色，其对翻译质量的影响是多层次和多方面的。语境决定了翻译是否能够准确传达原文的意义，包括字面意义和隐含意义。在评估过程中，关注点在于翻译是否能够在目标语境中恰当地诠释原文所表达的具体概念和情感色彩，以确保信息的完整性和准确性。语境对于实现翻译的交际效果至关重要。不同的语境可能要求翻译文本在目标语言中达到特定的交际目的，如说服、通知或娱乐。评估过程需要考察翻译是否能够有效地传达原文的交际意图，使读者能够在文化背景和语用情境下理解和接受翻译文本。语境还影响翻译文本的功能和使用效果。文本的语篇功能和交际需求因语境而异，评估过程中需要分析翻译是否能够适应目标语境中的语用功能要求，保持文本的逻辑结构和信息传递的连贯性。

（三）语境适应性与文化背景的评估

语境适应性和文化背景评估在翻译实践中具有重要意义，特别是在确保翻译文本在目标语言和文化环境中传达准确和有效信息的过程中。

语境适应性评估要求翻译者深入理解目标语言的交际习惯、社会规范以及价值观念。这种评估不仅限于语言形式的转换，更关注如何在不同文化背景下有效传递原文的意图和情感。通过确保翻译文本与目标语言的交际习惯相契合，可以增强信息的接受度和传达效果。

文化背景的评估涉及到对目标文化特点的尊重和融入。翻译不仅仅是语言的转换，还需考虑文化的差异性，避免可能导致的文化误解或冲突。评估文化背景时，翻译者需特别注意目标文化的价值观念、社会习惯以及历史背景，以确保翻译文本在语用和社会意义上的准确传达。

跨文化交际策略在评估中扮演关键角色。这些策略包括文化等效，即通过选择与源文化类似的语言表达方式来传递相似的意义；文化移植，即将源文化的元素或概念直接转移到目标文化中；以及文化注释，即在翻译文本中加入解释或背景信息，帮助目标语言读者更好地理解源文化的背景和含义。通过合理运用这些策略，翻译者能够有效地克服文化差异带来的语义障碍，实现跨文化交际的成功。

六、功能语言学视角下的翻译评估方法与工具

（一）定性评估与定量评估的结合

"翻译质量评估有质性评估与量化评估之分，两者之间存在诸多差异。"[①]
在功能语言学视角下，翻译评估作为一个复杂的多维度过程，强调了定性评估与
定量评估的有机结合，以全面评价翻译的质量。定性评估着重于对翻译文本的深
入理解和分析，其核心在于评估翻译是否能够有效地满足功能语言学的多项标准。
这包括对语境适应性的审视，即翻译文本是否能够在目标语言和文化环境中准确
传达原文的意义和语用功能，从而实现预期的交际效果。此外，定性评估还关注
翻译的语篇连贯性和逻辑结构，确保翻译文本在信息组织和论证过程中的一致性
和清晰性。

与此同时，定量评估通过可量化的指标和数据来衡量翻译的质量。例如，术
语一致性的评估侧重于检查翻译中专业术语的准确性和一致性，错误率的分析则
关注翻译文本中的语法、拼写或用词错误，而读者反应的调查则通过问卷调查或
用户反馈来评估翻译的接受度和实际效果。

定性评估与定量评估的结合在翻译评估中具有重要意义。定性分析提供了对
翻译质量深入的理论和概念层面的理解，而定量分析则通过客观的数据和统计结
果提供了实证支持和量化证据。两者相结合能够互补不足，从而提供更为全面和
可信的评估结果。这种方法不仅有助于评估者更精准地识别和分析翻译中的问题
和优势，还能够为进一步改进和优化翻译策略提供有力的指导。

（二）评估工具的开发与应用

随着技术的不断进步，评估工具在翻译评估过程中的角色日益凸显。这些工
具的开发与应用对于提高评估效率和确保评估一致性至关重要。

计算机辅助评估工具利用自然语言处理技术，能够自动检测翻译过程中的各
类错误。例如，拼写检查和语法分析工具能够有效识别并修正拼写错误、语法错
误等，从而提升翻译文本的语言准确性和专业性，减少人为漏误的可能性。

术语管理工具的开发对于保证翻译中专业术语的一致性至关重要。这些工具
能够有效管理和验证翻译过程中使用的术语，确保其与行业标准和技术文献的一

[①]　杨志红. 翻译质量量化评估：模式、趋势与启示 [J]. 外语研究，2012（6）：65-69.

致性。通过术语的准确使用，翻译文本能够更准确地传达科技信息和专业概念，提升读者对内容的理解和信任度。

评估框架的构建是确保评估过程系统化和规范化的关键。这些框架基于功能语言学标准，为评估者提供了明确的指导和支持，帮助他们在评估过程中全面考量翻译文本的语言准确性、逻辑连贯性及专业性。通过这些框架，评估过程不仅更加客观和科学，也能够确保评估结果的可靠性和参考价值。

（三）评估过程中的功能语言学分析方法

在评估翻译质量的过程中，功能语言学分析方法扮演着关键角色，其旨在通过深入解读和理解翻译文本，确保其在目标语言和文化环境中有效传达原文的意义和功能。

语篇分析聚焦于翻译文本的结构安排和信息组织方式。通过评估其语篇结构的合理性和逻辑连贯性，功能语言学评估可以判断翻译是否符合功能语言学的组篇功能标准，从而确保翻译文本能够在目标语言中有效地传递信息和观点。

语境分析在评估过程中起着重要作用，它涵盖了多维度的语境考量，包括社会、文化和情境语境。评估翻译是否能够适应原文所处的语境要求，是确保翻译质量和有效交际的重要步骤。通过细致的语境分析，功能语言学评估能够验证翻译文本是否准确地传达了原文的语用意图和社会文化背景，从而避免信息误解或文化冲突的发生。

功能对等分析则关注翻译是否能够实现原文的交际目的和语篇功能。这种分析方法不仅评估翻译是否保持了原文的语用效果，还确保了翻译在目标语言环境中的有效性和适应性。通过检查翻译文本中所使用的语言手段和表达方式，功能对等分析帮助评估者判断翻译是否达到了原文的功能等效性，从而提高了翻译的传播效果和接受度。

（四）评估反馈与翻译质量改进

评估反馈在提高翻译质量过程中扮演着至关重要的角色。其主要目的是通过详细的评估报告和有效的反馈机制，实现对翻译质量的全面审查和持续改进。

评估报告作为评估过程的核心成果之一，应当精确记录翻译文本的优点和需要改进的方面。评估报告不仅仅是简单地列出问题，更要提供深入的分析和理解，指出翻译中可能存在的语言准确性、文体一致性、逻辑连贯性等方面的问题。通过明确的指正和建议，评估报告为翻译质量的改进提供了理论依据和具体方向。

　　有效的反馈机制是评估报告落实到实际操作的关键环节。它确保评估结果能够被相关的翻译者和项目管理者理解和接受，从而促进改进措施的快速实施。通过开放式的沟通渠道和定期的反馈会议，可以确保评估反馈的及时性和有效性，进而推动翻译质量的提升。

　　持续改进是评估反馈的最终目标和核心动力。基于评估报告和反馈机制收集到的信息，翻译团队可以针对性地优化翻译流程、加强翻译者的专业培训，并进一步改进使用的评估工具和技术。这种持续改进的过程不仅仅是针对当前项目的优化，更是为未来的翻译质量提升奠定了坚实的基础。

第四章　人工智能与机器翻译的深度融合发展——神经机器翻译

第一节　神经网络基础与经典神经机器翻译

一、神经网络基础

神经网络的基础知识，主要包括三大部分：神经网络、神经网络训练与常用神经网络。

（一）神经网络

神经网络，更确切地说，人工神经网络，是一类机器学习方法的统称。受生物神经网络的启发，人工神经网络将大量信息处理单元或节点（神经元）连接起来进行信息处理和计算，每条连接都有相应的权重。训练神经网络的过程，就是不断调整连接权重以优化某个目标函数的过程。经过训练的神经网络，不仅可以将输入 x 映射到相应的输出 $y=f(x)$，同时还能够学习到数据中潜在的模式及语义表示。

下面先介绍神经网络的基本单元——神经元，然后介绍神经元的激活函数，最后探讨神经元如何聚合成层以形成不同的神经网络拓扑结构。

1. 神经元

神经元是神经网络的基本构成单元。通常情况下，一个神经元通过外部的输入连接接收多个其他神经元的输入信息（数值），经过内部激活函数处理后，将得到的输出输送到其他神经元。这个过程可以用数学公式形式化表示为下式：

$$\text{output} = f\left(\sum_i w_i x_i + b\right) \qquad (4-1)$$

式中：x_i——第 i 个输入；

w_i——对应第 i 个输入的连接权重；

b——偏差，可以看成用来调节神经元是否激活的阈值；

f——神经元的激活函数。

如果把输入看成一个向量 x，权重也相应为一个向量 w，上面公式可以写为：

$$output = f(w \cdot x + b) \tag{4-2}$$

除了把神经元看成函数，也可以将其视为某种基于加权证据进行决策的装置，比如输入的是一个单词的向量表示，输出可以是判断该单词是实词还是虚词的决策概率。

（1）感知机。作为人工神经元的一个早期代表，先介绍 20 世纪五六十年代由 Frank Rosenblatt 提出并发展的感知机模型。感知机神经元的输出只有两种——0 或 1，其数学形式为：

$$output = \begin{cases} 0 & \sum_i w_i x_i + b < 0 \\ 1 & \sum_i w_i x_i + b \geqslant 0 \end{cases} \tag{4-3}$$

感知机模型虽然看似简单，但功能却十分强大，可以实现逻辑运算中与、或及非等逻辑运算。例如，设定合适的权重和偏差，感知机可以实现与非门（与门、或门和非门都可以通过与非门来实现）。

感知机虽然具有强大的逻辑运算能力，但单层感知机本质上是一个线性分类器，无法学习非线性的模式分类问题。

（2）Sigmoid 神经元。除了上面提到的无法学习线性不可分模式，感知机还存在另一个问题：如果对连接权重或偏差进行微小调整，感知机的输出可能完全反转，即从 1 变成 0 或从 0 变成 1。这种参数的微小变化带来输出的剧烈变化，使感知机的参数很难通过逐步微调的方式进行训练和优化。相比之下，sigmoid 神经元（S 型神经元）不存在此问题，能够适应逐步微小变化的方式学习参数（即微小的权重和偏差调整导致微小的输出变化）。

sigmoid 神经元和感知机最大的不同在于神经元的激活函数为 sigmoid 函数，sigmoid 函数定义如下：

$$\sigma(z) = \frac{1}{1 + e^{-z}} \tag{4-4}$$

sigmoid 神经元的输出为：

$$output = \sigma(w \cdot x + b) = \frac{1}{1 + e^{-\sum_i w_i x_i - b}} \qquad (4-5)$$

而感知机采用的是线性阶梯函数作为激活函数，与此对比，sigmoid 函数是非线性的。在某种程度上，sigmoid 函数可以看成阶梯函数的平滑形式，在式（4-5）中，如果 $\sum_i w_i x_i + b$ 趋向 $+\infty$，则 sigmoid 函数的输出接近 1；反之，如果 $\sum_i w_i x_i + b$ 趋向 $-\infty$，则 sigmoid 函数的输出接近 0。sigmoid 神经元的名字即来源于其 S 型激活函数（也称为柔化的阶梯函数）。

2. 激活函数

激活函数是神经元的关键部分，直接决定了神经元输入和输出之间的对应关系。从数学角度看，激活函数可以从以下维度进行区分和理解：

（1）是否非线性。是否非线性是激活函数非常重要的一个特性。阶梯函数是线性函数，因此无法学习非线性分类问题。如果一个神经网络的所有神经元都采用线性激活函数，则这个神经网络（线性函数的线性组合）仍然是线性的。引入非线性可以显著增强神经元的学习能力及处理非线性问题的能力。如果采用非线性激活函数，理论上可以证明神经网络可以逼近任意数学函数。

（2）是否连续可导。如果需要通过逐步微小变化的方式学习神经网络的连接权重 w 和偏差 b，则激活函数的连续可导性是一个非常重要且值得具备的特性。线性阶梯函数由于在 0 处发生阶跃，因此在此处不可导，且其他地方的导数均为 0，所以采用阶梯函数的神经元无法通过逐步微小变化方式学习参数。

（3）是否单调。如果激活函数是单调的，则单层神经网络的误差曲面是凸的。因此，单调的激活函数可以保证神经网络训练具有较好的收敛性。但这并不意味着单调激活函数的性能一定优于非单调函数，或者说采用非单调激活函数的神经网络不能通过梯度进行训练。

（4）取值范围。激活函数的取值范围可以是无穷的，如卷积神经网络常采用的激活函数——线性整流函数 ReLU——是单向无穷大的 $[0,\infty)$；也可以是有限的，如 sigmoid 函数取值 $(0,1)$。对于取值无穷的激活函数，在梯度训练中，通常可以采用较小的学习率进行训练。

构建神经网络时，有多种激活函数可供选择，包括激活函数的曲线、数学形式、导数、取值范围、非线性及单调性等特征。

sigmoid 函数常用于二元分类，如果有多个类别，且这些类别互斥，则可以用 softmax 函数作为激活函数预测多个类的概率：

$$f\left(x_i\right)=\frac{e^{x_i}}{\sum_j e^{x_j}} \qquad (4-6)$$

选择一个好的激活函数，不仅要考虑激活函数本身的数学特性，也要考虑激活函数与神经网络目标损失函数之间的关系。如果在所有条件都满足或相似的情况下，可以通过实验手段选择与具体任务最匹配的激活函数，也可以通过自动搜索方法寻找最优的激活函数。

3. 神经元组织

单个神经元学习复杂模式的能力有限，因此通常需要将多个神经元组织成神经网络。在神经网络中，具有类似功能的神经元聚合成层。层可以看成具有类似性质的神经元的容器，同一层中的神经元，执行类似的操作，不同层之间通过某种方式连接。一个神经网络通常有输入层和输出层，输入层神经元接收数据的输入，输出层根据具体任务要求生成相应的输出，输入层和输出层之间的层称为隐藏层。

（1）输入层。输入层是神经网络的第一层，接收外部数据，并将数据传给隐藏层。

（2）隐藏层。隐藏层介于输入层和输出层之间，如果神经网络是黑盒子，则隐藏层处于不透明的黑盒子里面。隐藏层可以是 0 层也可以是多层，信息经过输入层后在隐藏层中进行处理，然后传递给输出层输出。

（3）输出层。输出层接受隐藏层信息，通过神经元转化为预定类型的输出。输出层既可以只包含一个神经元，如 sigmoid 神经元，进行二元分类预测；也可以包含多个神经元，如进行多个类别的预测。如果这些类别是互斥的，比如预测一张图片是苹果、梨、橘子或者其他水果，可以采用 softmax 层，即利用式（4-6）计算各个类别的概率，输出层所有输出神经元的输出值的和为 1，输出神经元具有全局关联性，即任何输出神经元的输出与所有其他输出神经元都相关。如果多个类别不互斥，可以相容，比如预测一张图片中有哪些物体，那么输出层也可以由多个 sigmoid 神经元构成，每个 sigmoid 神经元只预测指定物体，因此各个 sigmoid 神经元互相独立，具有局部性。

除了上面提到的输入层、隐藏层、输出层等一般性质的神经网络层，还有一些具有特殊性质或进行特殊操作的神经网络层，如卷积层、池化层、循环层、执行归一化操作的归一化层、所有神经元与后一层所有神经元全部连接的全连接层等。全连接层又称为稠密层或仿射层。

当设计一个新神经网络时，可以将不同功能的层进行叠加或者连接，例如，同一个神经网络可以包含卷积层、规范化层和全连接层等。在某种意义上，层是构建神经网络的基本功能单位。

在设计神经网络时，还需要考虑不同神经网络层的功能，还需要考虑两个定量指标——层数及每层的神经元数量。层数越大，神经网络越深；单层神经元数量越多，神经网络宽度越大。因此，层数以及单层神经元数量很大程度上决定了神经网络的复杂程度、表示能力及训练难度。

（二）神经网络训练

设计好的神经网络要完成预定的任务，必须经过训练这一重要环节，通过有监督学习、无监督学习或者强化学习，在数据上训练优化神经网络模型参数。下面主要针对有监督学习方式介绍神经网络的训练。与其他机器学习模型的训练类似，神经网络的训练也是通过特定算法寻找最合适的参数，使得神经网络模型在给定的训练数据上的目标函数最优。

1. 损失函数

神经网络的训练，可以看成在一个庞大的模型空间中搜索最优的参数配置（如连接权重 w、偏差 b），使得神经网络模型对应的目标函数最优。如果我们要最小化目标函数，则这个目标函数也可称为代价函数或损失函数。由损失函数计算得到的值称为损失。

给定 N 个训练样本 $\{x_i, y_i\}_1^N$，在其上训练神经网络学习一个映射函数 f：$X \rightarrow y$。为了评估学习到的模型函数 f 的好坏，需要定义一个损失函数 $\mathcal{L}$。对样本 $\{x_i, y_i\}$，损失 $\mathcal{L}\{y_i, \hat{y}_i\}$ 表示模型预测值 $\hat{y}_i$ 与真实值 y_i 之间的差异。模型的整体损失可以定义为所有训练样本上损失的平均：

$$\text{Loss} = \frac{1}{N} \sum_{i=1}^{N} \mathcal{L}(y_i, \hat{y}_i) \tag{4-7}$$

模型的训练，本质上是要找到使损失最小的参数 $\hat{\theta}$：

$$\hat{\theta} = \arg\min_{\theta} \frac{1}{N} \sum_{i=1}^{N} \mathcal{L}(y_i, \hat{y}_i) \tag{4-8}$$

由于模型空间 $\{\theta\}$ 庞大，通常需要从一个初始点（一般随机初始化）沿着某个方向逐步搜索，使神经网络模型在训练数据中的损失不断降低，直到趋于平稳不再降低，处于收敛状态。这个搜索的方向就是损失降低的方向，即梯度方向。

由此可见，损失函数对神经网络模型非常重要，损失函数将模型的各个方面特质归纳到一个标量值上，这个值越小，代表模型越好、越接近目标。因此，损失函数的选择对神经网络模型的训练至关重要。

损失函数的选择与多个因素有关，例如，是否可导、梯度计算的效率、采用的训练算法等，都会影响损失函数的选择。

早期神经网络的损失函数常采用均方误差，对于激活函数采用 sigmoid 或 softmax 函数的神经网络，采用均方误差作为损失函数训练神经网络，训练速度缓慢，交叉熵损失函数更合适。

常用的神经网络训练损失函数，包括 HuberLoss、HingeLoss 等。模型如果采用了多任务学习或者需要优化多个目标，则可以引入多个目标函数，并对这些目标函数进行插值，形成最后模型要优化的总体目标函数。除此之外，有时也采用模型性能的评测指标直接作为优化的目标函数，比如机器翻译评测常用的 BLEU 值。

2. 随机梯度下降

因为神经网络本质上是一个数学函数，将来自输入层神经元对应的输入映射到输出层神经元对应的输出，所以通常这个函数比较复杂，拥有大量的参数。

神经网络的训练，就是要从庞大的参数空间中找到一组参数 $\theta = (w,b)$，使神经网络对应的损失函数 $\mathcal{L}(w,b)$ 最小。为了聚焦这个最小化优化问题，将不再考虑神经网络的结构（神经元如何连接，有多少层神经元等）及损失函数的具体形式，可以把问题抽象为：

$$\theta^* = \arg\min_{\theta} \mathcal{L}(\theta) \tag{4-9}$$

如果 $\mathcal{L}(\theta)$ 具有全局极小值，且参数不太多的情况，从数学上或许可以找到一种方法直接得到该问题的最优解。但是神经网络的参数 $\theta = \{\theta_i\}_1^M$ 的规模通常非常庞大。要找到这么多参数的最优值，需要一个算法可以在参数空间中快速搜索。这里介绍一个适合计算机算法实现且在机器学习中广为应用的一个优化思想——梯度下降。

随机梯度下降算法是神经网络训练最常用的算法，但即使如此，随机梯度下降算法也存在诸多挑战，如难以选择合适的学习速率 η：如果 η 太小，则算法收敛缓慢；如果 η 太大，随机梯度下降算法可能难以收敛，在损失函数极小值附近抖动；是否每个参数都需要采用相同的学习速率，如果不同又该如何选择？另外，对非凸损失函数，随机梯度下降算法容易困在局部极小值或者鞍点[①]上。因此，为了使随机梯度下降算法可以更好、更快地收敛到极小值，多种改进算法也相继被提出。比如适应性学习速率算法、AdaGrad、AdaDelta、Adam 等，这些算法通常都包含在常用的深度学习平台中，因此在训练神经网络模型时，可以尝试多种不同的随机梯度下降训练算法，以选择效果较好的训练算法。

3. 训练优化

由于很多神经网络损失函数都是高维空间中的非凸函数，存在很多鞍点、值急剧变化的梯度悬崖，采用随机梯度下降算法训练一个较好的神经网络模型是非常有挑战的，很多因素都对神经网络的训练有很大影响，面对这些因素，需要针对具体问题进行优化。对神经网络模型训练有重要影响的因素有以下方面：

（1）初始化。随机梯度下降训练一般是从某个初始点开始，沿着损失函数梯度方向对神经网络参数进行迭代训练。由于训练可能陷进高维空间中的鞍点或者局部极小值，不同初始值可能导致模型训练得到不同的结果。因此，模型通常要进行多次训练，并根据开发集的性能选择最好的模型。

除此之外，初始值选择的重要性还体现在以下方面：

第一，初始值可以决定神经网络训练是否收敛，比如基于 Transformer 的深度神经机器翻译模型训练通常难以收敛，参数初始化方法可以保证其训练的收敛性。

第二，如果模型训练收敛，初始值可以决定训练收敛的速度以及收敛值是高还是低。

第三，初始值还可以决定收敛模型的泛化能力。

目前对初始值如何影响模型的泛化能力，以及如何初始化模型可以赋予模型更好的特质，均没有理论指导，因此，通常采用随机或者启发式的参数初始化方法。

---

① 鞍点：一个光滑函数（曲线，曲面，或超曲面）的鞍点邻域的曲线，曲面，或超曲面，都位于这点的切线的不同边。

在神经机器翻译模型训练中，可以基于预训练模型的参数初始化神经机器翻译模型参数，或者用通用领域训练的神经机器翻译模型参数初始化特定领域的模型，或者用资源丰富语言对的神经机器翻译模型参数初始化资源稀缺语言模型参数。

（2）小批量大小。大部分神经网络训练采用小批量随机梯度下降算法，每次随机选择 m 个样本，m 可以是几十，几百，几千，也可以是几百万，小批量大小的选择不仅与训练语料规模有一定关系，同时也需要考虑以下因素：

第一，小批量越大，计算的梯度越逼近真实梯度、越准确，训练得到的模型性能也往往越好。

第二，小批量中的所有样本是并行处理的，也就是说 m 个样本都会读入显存同步计算，因此 GPU 显存的大小决定了小批量的最大尺寸。

第三，小的小批量可以带来较好的正则化效果，可能的原因是梯度估计不准确迫使模型更加鲁棒，但采用小的小批量将增加训练时间。

（3）打乱样本数据。在训练一轮之后，通常需要将训练数据打乱顺序，这样做的好处有以下方面：

第一，帮助训练跳出局部极小值或者鞍点。如果数据的顺序始终不变，那么每次计算的梯度方向变化不大，训练可能陷进局部极小值或者鞍点出不来。

第二，避免某些训练数据顺序导致的偏差，比如训练神经网络用于文本分类，如果文本数据的顺序是经济类文本在一起，娱乐类文本在一起，那么训练可能使模型在一段时间倾向于将文本分成经济类文本，另一段时间分成娱乐类文本。

第三，避免模型记住训练数据的顺序，提高模型的泛化能力。

（4）学习速率。如果学习速率 η 太小，则算法收敛缓慢；如果 η 太大，随机梯度下降训练不稳定、难以收敛。因此，应根据具体问题选择合适的学习速率。通常可以初始选择一个大的学习速率，然后逐步对学习速率进行适应性调整。

4. 正则化

在训练数据上训练神经网络模型的最终目的是利用训练好的神经网络在训练数据之外的新样本上进行推理、预测，因此除了考虑神经网络模型在训练数据上的性能，还要关注模型在训练数据之外样本上的性能，也即神经网络模型的泛化能力。训练数据之外的样本集合通常包括开发集，有时也称为验证集，以及正式测试集。开发集除了用于调整和选择模型的超参数，如学习速率、何种神经网络架构，还有一个重要功能是监测和防止模型在训练数据上过拟合：模型能够很好地适应和拟合训练集中的样本数据，但是在训练集之外样本数据上的泛化能力差。正则化是防止训练过拟合采用的一系列方法和技术的统称。在字面意义上，正则化是使模型变得正常、可接受、可使用。神经网络训练常用的正则化方法有以下几种：

（1）早停法。基于验证集的早停法是神经网络训练常采用的一种防止过拟合的正则化方法，基本步骤如下：

第一，将训练数据分为训练集和验证集。

第二，在训练集上训练神经网络模型，每隔若干轮次，在验证集上测试训练模型的性能。

第三，一旦模型在验证集上的性能出现饱和状态或者下降，立即终止模型在训练集上的训练。

早停法是一种直接监控和防止模型过拟合的正则化方法，由于模型在验证集上的性能并不是一直上涨或者下降，而是呈现抖动趋势的，因此可以采用将训练数据以不同方式划分成多种训练集－验证集对进行交叉验证。

（2）调整模型复杂度。直观上，为了防止模型过拟合，可以采用的方式包括以下两种：

第一，采用更多的训练数据，增加训练数据显然直接降低了模型过拟合训练数据的概率。

第二，降低模型的复杂度，神经网络模型过拟合训练数据，本质上是模型有足够的能力能做到充分适应训练数据，如果降低模型的复杂度，也相应降低了过拟合的能力。

对于第一种方法，通常情况下，训练数据是有限且事先准备好的，获取新的训练数据会增加相应的成本。一个相对低成本的方法是基于数据增强构造伪数据，例如本书后面章节将介绍的神经机器翻译常用的反向翻译方法生成大量伪平行句对，也可以采用白盒或黑盒方法生成对抗样本，或者采用其他方式增加训练数据的噪声。扩充的数据与原始训练数据混合，增加了模型过拟合数据的难度。

在第二种方法中，模型复杂度主要体现在两个方面：一个是模型的结构复杂性，可以根据神经元、神经网络层的数量衡量；另一个是模型的参数复杂性，可以根据连接权重衡量。相应地，调整模型复杂度也可以从这两个方面进行：一是控制模型的结构复杂度，二是控制模型的参数值。

控制模型的结构复杂度可以采用随机失活方法，即在训练过程中概率化地去除某些神经元节点；控制模型的参数值可以在训练模型的目标函数中添加正则项，一种常用的正则项为权值衰减，也称为权值正则化，在训练过程中控制模型的权重取值范围。

（3）混合正则化方法。由于以上正则化方法从不同角度调整模型防止训练过拟合，因此可以同时使用不同的正则化方法，形成组合型正则化方法，以最大限度地降低模型训练的过拟合性。例如，对多层感知机和卷积神经网络，常采用的正则化组合形式包括早停法＋权值衰减、早停法＋随机失活＋权值约束等，循环神经网络常采用的正则化组合包括早停法＋权值噪声＋权值约束、早停法＋随机失活＋权值约束等。

（三）常用神经网络

1. 前馈神经网络

前馈神经网络是一种信息在网络中单向流通、神经元连接不存在循环或者回路的神经网络。前馈神经网络通常由输入层、若干隐藏层及输出层构成，上一层的输出作为下一层的输入，信息从输入层经隐藏层逐层传递至输出层。与循环神经网络显著不同的是，前馈神经网络不存在回馈连接。前馈神经网络又称为多层感知机，但尽量不用多层感知机称呼前馈神经网络，因为它采用的是线性激活函数，无法解决 XOR 问题[①]，而前馈神经网络并不要求每层的神经元必须是线性感知机神经元。

前馈神经网络在人工神经网络的发展中起到了很大的作用，早期关于人工神经网络的一个很重要的数学定理——通用近似定理——是建立在前馈神经网络基础上的。通用近似定理描述了多层前馈神经网络可以无限度逼近任意连续函数，这个定理存在两种情况：任意宽度和任意深度。早期任意宽度的通用近似定理证明了，一个含有线性输入层和输出层以及至少一个隐藏层的前馈神经网络，只要隐藏层有足够但数量有限的神经元，这个前馈神经网络就是任意连续函数的逼近器。而近期任意深度的通用近似定理则证明了在每层神经元数量一定的情况下，

---

① XOR 问题：在机器学习和神经网络领域，XOR 问题是一个非线性问题的典型例子，因为它不能通过简单的逻辑门（如 AND 或 OR）来解决，而需要通过多层神经网络来实现。这是因为 XOR 问题涉及到输入与输出之间的非线性关系，单层神经网络无法处理这种非线性关系，必须使用多层神经网络来逼近这种非线性函数。

拥有足够但数量有限隐藏层的前馈神经网络是任意连续函数的逼近器。

前馈神经网络与深度学习的概念也密切相关，在某种意义上，深度学习中的深度概念来自前馈神经网络的深度（即层数）。在通常情况下，神经网络层数越多，也就是网络越深，神经网络训练的难度也就越大：深度神经网络对应的高维空间函数非常复杂，梯度计算挑战大；梯度在反向传播时经过多层神经网络，存在梯度消失或梯度爆炸的问题。但是深度神经网络也具有很多优点，比如神经网络的学习能力和表示能力随深度增加而增强。

2. 卷积神经网络

卷积神经网络（CNN）又称为卷积网络，是一种特殊类型的神经网络，该神经网络中至少有一层的矩阵相乘被卷积操作替换。

从前馈神经网络中可以看到，信息从上一层 m 个神经元传输到下一层 n 个神经元，由于下一层的每个神经元都与 m 个输入神经元相连，信息传递在数学上可表示为：

$$L_{i+1} = f\left(L_i \times M_{m \times n}\right) \tag{4-10}$$

式中：L_i——相应层的神经元表示；

f——激活函数。

如果不考虑激活函数，上面的全连接层就是通过矩阵 $M_{m \times n}$ 将信息传至下一层。

与全连接层中矩阵相乘不同，卷积操作中下一层神经元只需要与上一层的 k 个神经元相连（k 可以远小于 m）。一个典型、完整的卷积层通常包括：①卷积子层：即通过卷积运算实现线性仿射变换；②探测器子层：将卷积仿射变换得到的结果进一步传给非线性激活函数（一般采用 ReLU 激活函数）；③池化子层：将探测器子层各个位置的输出转换为该位置周围输出的某种统计量，比如最大池化选择周围区域最大的输出作为最后输出。

由于池化子层进行某种统计操作，因此并不需要与探测器子层节点一一对应，通常采用下采样方法，使得池化子层节点数少于探测器子层节点数。

（1）使用卷积层的优势。卷积神经网络既可以由多层卷积层叠加构成，也可以由多层卷积层与全连接层或者其他神经网络层组合叠加而成。引入卷积层的原因包括以下方面：

第一，稀疏交互。下层神经元不需要与上层所有神经元直接交互，下层每个神经元仅连接上层的 k 个神经元，因此计算次数从稠密矩阵的 $O(m \times n)$ 变成 $O(k \times n)$，由于 k 通常比 m 小几个数量级，稀疏交互显著提升了计算效率。

第二，参数共享。卷积矩阵中的参数在每个下层神经元与上层 k 个神经元的卷积操作中是共享的，也就是说，权值参数规模从稠密矩阵的 $O(m \times n)$ 变成 $O(k)$，显然极大地降低了模型需要存储的参数数量。

第三，平移同变性。由于采用了参数共享，卷积操作的另一个好处是平移同变性，比如在图像中，如果移动了一个物体，那么这个物体的表示在输出中也做出相应量的变化。

（2）使用池化层的优势。

第一，平移不变性。平移不变性与卷积操作的平移同变性不同，池化算子具有相对于局部平移的不变性，比如图像中的某个物体发生了平移，则池化算子的结果不发生变化。

第二，处理大小不定的输入。由于池化操作通常和下采样一起使用，因此，即使输入的大小发生了变化，也可以使池化算子的输出大小保持不变。

卷积神经网络通常用于网格状输入，比如 2D 网格的图像，ID 网格的文本序列。文本序列建模通常要考虑模型是否有能力捕捉到序列元素之间的长距离依赖关系，卷积操作具有稀疏交互性质，这个性质决定了卷积具有局部性，如果要捕捉文本序列中任意距离单词的交互，则需要构建多层的卷积神经网络，远距离间隔的单词可以在高层神经元中实现间接交互。

3. 循环神经网络

循环神经网络（RNN）同上面介绍的 CNN 类似，也是一种特殊类型的神经网络，常被用于处理具有时序特性的数据，因此在自然语言处理领域有广泛的应用。这里先介绍循环神经网络的基本思想，然后介绍几个具体的循环神经网络及如何训练循环神经网络模型。

给定一个输入向量序列 $x=\{x^{(1)}, x^{(2)}, \cdots, x^{(n)}\}$ 和初始状态 $h^{(0)}$，在前向过程中，循环神经网络计算得到一个隐状态向量序列 $h=\{h^{(1)}, h^{(2)}, \cdots, h^{(n)}\}$ 和一个输出向量序列 $o=\{o^{(1)}, o^{(2)}, \cdots, o^{(n)}\}$，从输出向量序列中进一步得到一个预测向量序列 $\hat{y}=\{y^{(1)}, y^{(2)} \cdots y^{(n)}\}$，$t$ 时刻循环神经网络的计算过程如下：

$$h^{(t)} = f\left(w \cdot x^{(t)} + u \cdot h^{(t-1)} + b\right) \qquad (4\text{-}11)$$

$$o^{(t)} = o\left(v \cdot h^{(t)} + c\right) \qquad (4\text{-}12)$$

$$\hat{y}^{(t)} = g\left(o^{(t)}\right) \qquad (4\text{-}13)$$

式中：w——输入到隐状态的连接权重；

u——隐状态到隐状态的连接权重；

v——隐状态到输出的连接权重；

f，o，g—— 相应的非线性函数，这些函数的不同定义导致不同的循环神经网络及特性、计算和训练复杂度。

任意时刻的隐状态可以表示为：

$$
\begin{aligned}
h^{(t)} &= f\left(h^{(t-1)}, x^{(t)}; \theta\right) \\
&= f\left(f\left(h^{(t-2)}, x^{(t-1)}; \theta\right), x^{(t)}; \theta\right) \qquad (4\text{-}14) \\
&= r^{(t)}\left(x^{(1)}, x^{(2)}, \cdots, x^{(t)}; \theta\right)
\end{aligned}
$$

可以看到，t 时刻的隐状态实际上是编码了过去的所有输入，隐状态 $h^{(n)}$ 以及对应的预测 $\hat{y}^{(n)}$ 编码了整个输入序列。展开操作相当于把 $r^{(t)}$ 分解为函数 f 在过去所有时刻的重复应用。展开操作使循环神经网络具有这些特点：①参数共享。参数在循环神经网络的不同时刻都是共享的，类似卷积神经网络中的卷积核参数共享。参数共享同样也增强了循环神经网络的泛化能力，使其能够处理在训练数据中未见的输入，同时也有利于循环神经网络捕捉时间序列中的重复出现的模式。②可处理变长序列。循环神经网络可以处理不同长度的序列，这一点也与卷积神经网络处理可变输入类似。③输入向量维度大小一致。输入 $x^{(t)}$ 的向量维度大小是在状态迁移函数中具体化的，不会随 t 变化而发生改变。

（1）循环神经网络训练。循环神经网络展开后就变成一个复杂的、具有深层结构的前馈神经网络。若要训练一个循环神经网络，需要先对每个给定的输入序列展开循环神经网络，构建一个展开的计算图，并在计算图中添加相应的损失函数节点，然后在反向过程中采用之前的反向传播算法回传损失函数对不同参数的梯度，再更新参数，该计算过程称为随时间反向传播（BPTT）算法。

根据循环神经网络用于处理的任务不同，在计算图中添加损失函数节点的方法也不一样。下面介绍几种常见的添加方式：

第一，接收器。损失函数节点添加在循环神经网络的最后一个节点上。损失函数计算如下：

$$\mathcal{L} = \mathrm{Loss}\left(\hat{y}^{(n)}, y\right) \tag{4-15}$$

式中：y——序列真实的输出。

比如对一个序列进行分类，可以把循环神经网络作为接收器使用，接收器对序列进行编码，然后在最后状态预测序列的类别（比如将单词的字母逐一输入循环神经网络中，然后基于最后状态预测单词的词性）。

第二，转化器。循环神经网络将一个输入序列转换成另一个序列，比如将单词序列映射为词性序列，转换器循环神经网络在每个时刻都有一个预测输出，与真实输出之间就会形成一个局部的损失，整个序列的损失可以定义为序列上所有局部损失的和、平均或最大等，比如求和计算如下：

$$\mathcal{L}\left(\left\{x^{(1)}, x^{(2)}, \cdots, x^{(n)}\right\}, \left\{y^{(1)}, y^{(2)}, \cdots, y^{(n)}\right\}\right) = \sum_{t=1}^{n} \mathrm{Loss}\left(\hat{y}^{(t)}, y^{(t)}\right) \tag{4-16}$$

第三，编码器－解码器。自然语言处理序列到序列的建模通常采用编码器－解码器架构。例如，以循环神经网络为基础的编码器－解码器架构，一个循环神经网络用作编码器对源序列进行编码，另一个循环神经网络用作解码器对目标序列进行解码。预测的目标序列与真实的目标序列之间可以计算一个损失，该损失函数梯度可以在反向传播中沿着编码器－解码器计算图拓扑结构，一直反向传播到编码器中。

当循环神经网络应用于自然语言处理时，除了建立隐藏层到隐藏层之间连接的循环，还通常将当前的输出反馈到下一步的隐状态中，形成输出层到隐藏层的循环连接。

对于含有此类循环连接的循环神经网络，在训练过程中，除了使用 BPTT 算法，通常也需要采用一种称为教师强制（Teacher Forcing）的训练策略。Teacher Forcing 的基本思想是，在训练时，将真实的输出 $y^{(t)}$ 作为输入传给下一步的隐状态 $h^{(t+1)}$，而不是该状态的预测输出 $\hat{y}^{(t)}$，以加快训练收敛速度。

采用 Teacher Forcing 训练循环神经网络的缺点在于其导致了曝光偏差问题：模型在训练阶段采用真实输出 $y^{(t)}$ 计算下一隐状态，而在部署使用阶段，由于真实输出不可得，只能采用预测输出 $\hat{y}^{(t)}$。

循环神经网络的训练除了上面提到的曝光偏差问题，一个更常见的问题是梯度消失或梯度爆炸，即在梯度反向传播时，在循环神经网络展开的计算图中，经过多个时间步的不断累积，或者逐渐变小消失（大部分时候），或者爆炸（很少见）。梯度消失问题使得循环神经网络难以捕捉和学习长距离依赖关系。

有多种方法可以用来减少梯度消失或梯度爆炸问题。一种是加入跳接，即将远距离的历史状态与当前状态连接起来，使得它们之间的依赖关系可以直接通过该连接进行传递；另一种是加入线性的自连接：

$$h^{(t)} \leftarrow \alpha h^{(t-1)} + (1-\alpha)h^{(t)} \qquad （4\text{--}17）$$

通过调节 α 使得梯度传播路径的偏导数乘积接近 1，从而避免梯度消失或梯度爆炸。如果 α 接近 1，则过去的历史信息就会倾向于保留和传递下去，如果 α 接近 0，则过去的信息就会被删除。

（2）门控循环神经网络。解决循环神经网络长距离依赖问题最有效和最广泛的方法是门控机制，相应的循环神经网络称为门控循环神经网络。门控方法是自连接的方法的延伸和泛化：①门控循环神经网络的自连接权重，在每步都自动调整；②除了能将信息保留一段时间，门控循环神经网络还增加了一个遗忘门，以自动确定何时该遗忘掉过去对当前无用的信息。

常用的门控循环神经网络包括两类：长短时记忆网络（LSTM）和门控循环单元（GRU）

第一，LSTM。LSTM 的输入和输出与普通的循环神经网络类似，最大的不同在于 LSTM 中隐状态变成了"cell"，每个 cell 里含有输入门 i、输出门 o 以及遗忘门 f，计算如下：

$$i^{(t)} = \sigma\left(W_i h^{(t-1)} + U_i x^{(t)}\right) \qquad （4\text{--}18）$$

$$o^{(t)} = \sigma\left(W_o h^{(t-1)} + U_o x^{(t)}\right) \qquad （4\text{--}19）$$

$$f^{(t)} = \sigma\left(W_f h^{(t-1)} + U_f x^{(t)}\right) \qquad （4\text{--}20）$$

cell 里面的状态计算如下：

$$\tilde{c}^{(t)} = \tanh\left(W h^{(t-1)} + U x^{(t)}\right) \qquad （4\text{--}21）$$

$$c^{(t)} = f^{(t)} \odot c^{(t-1)} + i^{(t)} \odot \tilde{c}^{(t)} \qquad （4\text{--}22）$$

$$h^{(t)} = o^{(t)} \odot \tanh\left(c^{(t)}\right) \qquad （4\text{--}23）$$

可以看到，输入门控制输入中有多少信息保存在 cell 状态中，遗忘门控制历史信息的保留和传递，输出门则控制有多少状态信息最后输出。

第二，GRU。门控循环单元可看成 LSTM 中 cell 的简化版本，将门的数量缩减到两个，即更新门 z 和重置门 r，计算如下：

$$r^{(t)} = \sigma\left(W_r h^{(t-1)} + U_r x^{(t)}\right) \tag{4-24}$$

$$z^{(t)} = \sigma\left(W_z h^{(t-1)} + U_z x^{(t)}\right) \tag{4-25}$$

GRU 状态更新的计算方法：

$$\tilde{h}^{(t)} = \tanh\left(W\left(r^{(t)} \odot h^{(t-1)}\right) + U x^{(t)}\right) \tag{4-26}$$

$$h^{(t)} = \left(1 - z^{(t)}\right) \odot h^{(t-1)} + z^{(t)} \odot \tilde{h}^{(t)} \tag{4-27}$$

二、经典神经机器翻译

早期经典的神经机器翻译架构，即编码器－解码器结构，该结构实际上成了构建神经机器翻译模型的基本骨架，后续神经机器翻译的发展基本上都以此结构为基础。不仅如此，编码器－解码器结构的普适性使其在机器翻译以外的许多自然语言处理任务（可统称为序列到序列任务）中也得到了广泛应用。

（一）编码器－解码器结构

翻译的本质是将源语言文本的语义通过目标语言对等表示出来，这里面隐含两个关键步骤：第一步，将源语言文本转换为某种语言无关的意义表示；第二步，将此意义表示以目标语言的形式呈现出来。

神经机器翻译使用神经网络进行翻译，上述两个步骤可以由两个神经网络来实现，分别称为编码器和解码器。编码器将源语言文本编码并计算得到实数向量，该向量作为源语言文本的意义表示，输出到解码器；基于源语言向量表示，解码器解码生成目标语言译文。早期神经机器翻译的基本思想，是将以上两个神经网络连接在一起，形成编码器－解码器结构，以实现端到端的源语言文本编码与目标语言译文解码。这一基本思想不仅体现了翻译的本质，而且也十分简洁优美。

下面将以形式化的方式描述编码器－解码器结构。将机器翻译使用的平行句对记为 (x, y)，其中 $x = (x_1, x_2, \cdots, x_{|x|})$ 为源语言句子，$y = (y_1, y_2, \cdots, y_{|y|})$ 为目标语言句子。编码器执行的运算记为 f_{enc}（即编码器神经网络），它将源语言句子

x 映射成实数向量表示 $h(x)$，即：

$$h(x) = f_{\text{enc}}(x) \tag{4-28}$$

从计算角度看，神经机器翻译是对给定原文的条件下的译文的概率 $P(y|x)$ 进行建模：

$$
\begin{aligned}
P(y|x) &= \prod_{t=1}^{|y|} P\left(y_t \mid y_{<t}, x\right) \\
&= \prod_{t=1}^{|y|} f_{\text{dec}}\left(f_{\text{enc}}(x), y_{<t}, y_t\right)
\end{aligned}
\tag{4-29}
$$

式中：f_{dec}——解码器执行的运算（即解码器神经网络）；

t——解码时间步。

在神经机器翻译的早期阶段，编码器和解码器通常是用循环神经网络实现的。由于机器翻译中源语言句子和目标语言句子的长度并不固定，能够处理变长序列的循环神经网络自然成为神经机器翻译的首选。下面将分别对循环神经网络实现的编码器及解码器进行具体介绍。

1. 编码器

编码器可以直接运用循环神经网络实现。由于输入的自然语言句子是由一个个离散的单词组成，因此，需要将离散的单词表示成神经网络能够处理的连续数值形式。通常情况下，词表中的单词数量是有限的，对于有限的离散数据，最简单的表示是独热向量。对于第 i 个源语言词 x_i，$i=1, \cdots, |x|$，它的独热向量表示为 $w_i \in \{0,1\}^{|v_x|}$（v_x 为源语言词表），该向量仅在该单词编号所在的维度取值为 1，其余均为 0。

独热向量本质上仍然是离散的，而神经网络更适合处理连续数值。因此，编码器首先将独热向量转换为取值连续的向量：

$$s_i = Ew_i \tag{4-30}$$

式中，s_i——这个词对应的词嵌入；

$E \in \mathbb{R}^{d_{\text{emb}} \times |v_x|}$——源语言词嵌入矩阵；

d_{emb}——词嵌入维数。

至此，一个输入的源语言句子已经被转换为一系列连续向量 $\{s_i\}_{i=1}^{|x|}$，随后便可以运用循环神经网络对词嵌入进行编码。编码器的循环神经网络执行的计算可以表示为：

$$h_i = \phi_{enc}\left(h_{i-1}, s_i\right) \tag{4-31}$$

式中：$h_i \in \mathbb{R}^{d_h}$——第 i 个位置的隐状态；

d_h——隐状态的维数。

编码器完成对整个输入句子的运算后，会得到每个单词位置上对应的隐状态向量，最后一个单词对应的隐状态向量 $h_{|x|}$（之前所有单词的信息通过循环神经网络逐步传递到该位置），可以视为蕴含了整个句子的信息，因此可作为源语言句子的语义表示。如果将基于编码器－解码器结构的机器翻译模型训练后得到的输入句子语义表示，进行可视化，可以发现，这些表示确实编码了输入句子的语义信息。

2. 解码器

根据编码器提供的源语言句子语义表示 $h_{|x|}$，解码器解码输出目标语言译文。解码器的循环神经网络首先计算第 i 个位置的隐状态：

$$z_i = \phi_{dec}\left(h_{|x|}, z_{i-1}, u_{i-1}\right) \tag{4-32}$$

解码器隐状态的计算除了依赖前一个隐状态 z_{i-1} 和前一个单词 u_{i-1}，还总是依赖源语言表示 $h_{|x|}$。

根据当前计算得到解码器隐状态，解码器可输出当前的目标语言单词。这可以通过计算在目标语言词表 V_y 上的概率分布 P_i 实现。具体而言，在目标语言词表中编号为 k 的词的概率为：

$$P\left(y_i = k \mid y_{<i}, x\right) = \text{softmax}\left(v_k^\top z_i\right)$$
$$= \frac{\exp\left(v_k^\top z_i\right)}{\sum_{j=1}^{|V_y|} \exp\left(v_j^\top z_i\right)} \tag{4-33}$$

式中：v_k——编号为 k 的目标语言词的词嵌入。

从直觉上看，与当前隐状态 z_i 相似的目标语言词嵌入会获得较大的概率。

根据式（4-33）计算得到的当前步概率分布 P_i，解码器就能输出当前的目标语言单词。该步骤可以采用不同策略实现。

（二）序列到序列学习

从机器学习角度看，自然语言处理中的许多任务都可以归结为，将一个自然语言序列映射为另一个自然语言序列，这类任务可统称为序列到序列任务，类似机器翻译，都可以基于编码器－解码器结构进行建模。常见的序列到序列任务有问答、对话、复述生成、文本风格迁移、文本摘要、故事生成和诗歌生成等。

除了自然语言文本，一些其他模态的数据也可以视为序列，比如语音、图像，因而相应领域的任务也可以视为序列到序列任务，如语音识别、语音合成和图像描述等。

序列到序列任务的基本目标是实现输入序列到输出序列的某种转换，不同的转换目标定义了不同的任务。

从更广泛的角度看，序列可以视为一种通用的数据形式，即便是语法树这种有结构的数据也可以转换为序列，因而语法分析这种经典的结构预测任务也可以转换为序列到序列任务进行处理。甚至分类任务、回归任务的输出也可以由序列表示，这样几乎所有的自然语言处理任务都可以统一成序列到序列任务。

（三）模型训练

将神经机器翻译的模型参数记为 θ ，训练通常采用极大似然估计，即：

$$
\begin{aligned}
\hat{\theta} &= \arg\max_{\theta} P(y|\,x;\theta) \\
&= \arg\max_{\theta} \log P(y|\,x;\theta)
\end{aligned}
\tag{4-34}
$$

根据式（4-29），可进一步得到：

$$
\log P(y|\,x;\theta) = \sum_{t=1}^{|y|} \log P\left(y_t|\,y_{<t},x;\theta\right)
\tag{4-35}
$$

注意到 $y_t \in \mathcal{V}_y$ ，其中 $\mathcal{V}_y$ 是目标语言的词汇表，可以发现，神经机器翻译实际上执行了一系列（ $|y|$ 个）多类分类任务。对于分类任务，极大似然估计等同于极小化交叉熵损失，损失函数为：

$$
\mathcal{L} = -\sum_{t=1}^{|y|} \log P\left(y_t|\,y_{<t},x;\theta\right)
\tag{4-36}
$$

为了简洁，这里所写的损失函数是只有一个平行句对的情况。

根据损失函数，即可计算梯度、执行优化。

（四）解码

神经机器翻译模型训练完成后，根据输入的源语言句子，通过解码可以得到目标语言译文。解码过程即是求解：

$$
\hat{y} = \arg\max_{y} P(y|\,x;\theta)
\tag{4-37}
$$

与训练不同，解码是一个组合优化问题。由于目标语言对应的可能译文是无

限多的，即便限制句长为 L，候选数量仍是 $O\left(\left|\mathcal{V}_y\right|^L\right)$ 量级，因此暴力搜索是不可行的。下面介绍三种解码算法。常规上，由于训练对目标语言句子从左到右依次计算 $P\left(y_t \mid y_{<t}, x; \theta\right)$，因此解码也从左到右进行计算。

1. 采样

从 $t=1$ 开始，依次采样 $\tilde{y}_t \sim P\left(y_t \mid y_{<t}, x; \theta\right)$，直至采样到句子终止符 <eos> 为止。该算法的复杂度为 $O\left(\left|\mathcal{V}_y\right| \times |y|\right)$。采样的结果变化较大，虽然有助于提高解码译文的多样性，但翻译质量往往不尽如人意。

2. 贪心搜索

从 $t=1$ 开始，依次求解 $\tilde{y}_t = \arg\max_{y_t} P\left(y_t \mid y_{<t}, x; \theta\right)$，直至得到句子终止符 <eos> 为止。该算法的复杂度为 $O\left(\left|\mathcal{V}_y\right| \times |y|\right)$。贪心搜索不像采样那样波动剧烈，但翻译质量同样是比较差的。

3. 柱搜索

柱搜索算法有一个超参数 K，称为柱宽度。每一个时间步维护 K 个候选，下一个时间步的候选译文在它们的基础上进行扩展得到，共 $\left|\mathcal{V}_y\right| K$ 个候选，从中选择得分最高的 K 个候选，再进行下一个时间步。图中的黑色方块代表维持在柱中的候选。当柱中的所有候选均已生成句子终止符 <eos> 时，搜索结束。该算法的复杂度为 $O\left(\left|\mathcal{V}_y\right| \times K \times |y|\right)$。显然，当 $K=1$ 时，柱搜索便是贪心搜索；当 $K \to \infty$ 时，柱搜索的解 $\tilde{y} \to \hat{y}$。然而，翻译质量与 K 并不是单调相关的。通常选择 $K=5$ 左右，或者通过验证集选择合适的 K 值。柱搜索得到的翻译质量明显优于采样和贪心搜索，但是解码速度较慢。

第二节　基于注意力的神经机器翻译模型

经典神经机器翻译模型将不同长度的源语言句子都编码成一个固定长度的向量表示，并希望该向量包含源语言句子的所有信息。虽然从可视化分析中可以看出这些向量确实蕴含了源语言句子的语义信息，但仅依赖固定长度的向量表示翻译可变长度的句子，从直觉上看，存在缺陷，因为长句和短句包含的信息量肯定是不同的。如果希望任意长的句子包含的信息都能被编码成一个固定长度的向量，这对于编码器而言似乎是勉为其难了。因此，这一固定长度的向量成了制约经典神经机器翻译模型的"瓶颈"。

经典神经机器翻译模型的翻译质量随待翻译句子长度（句长）变化。一般而言，常见数据集的平均句长在 20 个单词。从句长 20 个单词往后，翻译质量呈不断下降趋势。这可能就是编码器固定维度向量带来的瓶颈效应。相比之下，传统的统计机器翻译模型不存在这种随着句子长度增加翻译质量明显下降的问题。

一、注意力机制及其改进

如果仅仅考虑固定长度向量带来的问题，这个困难似乎是容易解决的。对于循环神经网络实现的编码器，每一个位置 j 都对应一个隐状态 h_j。一般认为，该隐状态蕴含了位置 j 的语义信息。因此，这些隐状态的集合 $\left\{h_j\right\}_{j=1}^{|x|}$ 可以视为源语言句子的表示，也就是一个与源语言句子长度 $|x|$ 成比例的变长表示。但是，如何在解码器中利用这些变长表示仍然是一个棘手的问题。

在讨论解决该问题的方案之前，我们先看一下人类译员的翻译过程，尤其是翻译较长句子的过程。翻译时，人类译员通常会反复查看源语言句子。在构建目标语言译文时，根据当前已翻译部分，查看原文中的哪一部分是当前需要处理的，从而加以注意。

考虑一个简单的中译英实例："语言学/是/语言/艺术/的/科学"→"Linguistics is a science of the art of language"，其中斜杠代表中文的单词切分。在需要译出"Linguistics"时，应该主要注意源语言单词"语言学"，而在需要译出"art"时，则应该主要注意"艺术"。对于"is"，不仅需要注意原文中的"是"，而且需要把握整个句子的人称、时态等信息。总而言之，翻译中需要注意源文部分是灵活的，有时候只注意原文中的一个单词就可以，有时候则需要注意更多的内容。

上述分析启发研究人员为经典神经机器翻译模型设计了一种注意力机制。

引入注意力机制后，对于循环神经网络实现的解码器，第 i 个位置的隐状态可以由下式计算得到：

$$z_i = \phi_{\text{dec}}\left(c_i, z_{i-1}, u_{i-1}\right) \qquad （4-38）$$

式中：z_{i-1}——前一个隐状态；

u_{i-1}——前一个单词。

两者与在经典神经机器翻译模型中相同，但上下文向量 c_i 是经典神经机器翻译模型中没有的部分，它根据注意力机制计算得到，代表解码器在当前状态下需要"注意"的上下文，随位置 i 动态变化，计算方式如下：

$$c_i = \sum_{j=1}^{|x|} \alpha_{ij} h_j \tag{4-39}$$

$$\alpha_{ij} = \frac{\exp(e_{ij})}{\sum_{k=1}^{|x|} \exp(e_{ik})} \tag{4-40}$$

$$e_{ij} = a(z_{i-1}, h_j) \tag{4-41}$$

式（4-41）计算的是能量分数 e_{ij}，可以理解为目标语言句子位置 i 和源语言句子位置 j 的对齐分数，该分数基于解码器隐状态 z_{i-1} 和编码器隐状态 h_j，根据兼容函数 a 计算得到，具体计算方式有多种，如：

$$a(h, z) = \begin{cases} h^\top z \\ h^\top W_a z \\ W_a[h; z] \\ v_a^\top \tanh(W_a h + U_a z) \end{cases} \tag{4-42}$$

分别是点积、双线性、连接、单层神经网络，其中后面 3 种引入了新的参数（即 W_a、U_a 矩阵）。

能量分数 e_{ij} 经过 softmax 归一化后得到注意力权重 α_{ij}。由于 softmax 函数本身的性质，注意力权重取值范围为 [0，1]，并且对于任意解码器位置 i 都有 $\sum_{j=1}^{|x|} \alpha_{ij} = 1$。

因此，注意力权重拥有概率解释，或者可以说，注意力机制本质上计算了一个概率分布，该分布给出了解码器处于位置 i 时源语言句子各个位置 j 对应的概率。对于神经机器翻译任务而言，注意力权重可以理解为对齐概率。传统的单词对齐只代表对齐与否，而注意力机制中的对齐概率可以视为一种软对齐。

上下文向量 c_i 是源语言句子各个位置的表示 h_j 根据注意力权重计算得到的凸组合，从概率角度看，上下文向量是编码器隐状态 $\{h_j\}_{j=1}^{|x|}$ 在由注意力机制计算

得到的概率分布下的期望。

如果由目标语言句子位置 i 计算得到的注意力权重只在某个源语言句子位置 j 的值较大，那么上下文向量 c_i 基本上就等于 h_j，此时解码器可能输出源语言句子位置 j 单词对应的翻译。某些单词的对齐结果是十分清晰的，注意力权重确实仅在某一位置取值较大，而在其他位置取值均非常小。此外，在这个例子中，注意力机制对多词表达的对齐也处理得较好。多词表达是至少包含两个单词且在语法或（及）语义上具有特质的短语，如复合名词、成语和固定表达等，它往往会给单词对齐带来挑战。注意力机制是同编码器 – 解码器模型在平行句对上一起训练的，并没有显式的对齐信号监督训练，合理的注意力权重是模型自动从数据中学到的。注意力机制为原本是黑盒的神经机器翻译模型提供了一种可解释性方法，有一些公开工具可进行注意力机制的可视化，从而帮助研究人员理解神经机器翻译模型是如何翻译源语言输入的。

经典神经机器翻译模型在增加注意力机制后，译文质量得到了显著提升。此外，翻译质量随句子长度增加而显著下降的问题也得到了明显缓解。

经典神经机器翻译模型中的注意力机制可以纳入广义注意力的框架中。广义注意力机制根据一个查询 q，将一系列键 $\{k_j\}$ 映射为一个注意力分布，最后利用该分布将一系列值 $\{v_j\}$ 组合成输出。键和值一一对应，从而构成键值对。用公式表示，广义注意力机制的输出为：

$$A\left(q,\{k_j\},\{v_j\}\right)=\sum_j P\left(a\left(q,k_j\right)\right)v_j \qquad (4\text{-}43)$$

式中：a——兼容函数，

P——分布函数，通常采用 softmax 函数。

在经典神经机器翻译模型的注意力机制中，查询 q 通常为解码器上一个位置的隐状态，即 $q=z_{i-1}$，键和值一般取值相同，即 $k_j=v_j=h_j$，为编码器隐状态（或源语言句子位置 j 处的表示）。

注意力机制在被提出后，多种改进型的注意力机制陆续提出，下面选取部分改进方法进行介绍。

（一）全局注意力机制和局部注意力机制

在经典注意力机制中，解码器隐状态与源语言句子中每个位置对应的编码器隐状态表示进行兼容性运算，从而得到注意力权重，这种方法称为全局注意力机制。当源语言句子较长时，全局注意力机制不仅计算量较大，而且其计算的注意力权重准确性也会降低，如果希望将注意力机制推广应用于段落、篇章，则全局注意力机制可能不是最优方案。

一个自然的改进方法是让注意力机制只注意源语言输入的局部区域，此方法称为局部注意力机制。实现局部注意力机制的方法，先预测解码器当前位置 i 应当注意的源语言输入的中心位置 p_i，然后将注意力限制在 $[p_i - D, p_i + D]$ 的窗口范围内，其中 D 是一个超参数。中心位置 p_i 可以由一个简单的神经网络进行预测：

$$p_i = |x| \cdot \text{sigmoid}\left(v_p^\top \tanh\left(W_p z_{i-1}\right)\right) \tag{4-44}$$

式中，W_p 和 v_p——参数；

$|x|$——源语言句长。

以预测的位置为中心，注意力按高斯分布衰减：

$$\tilde{\alpha}_{ij} = \alpha_{ij} \exp\left(-\frac{(j - p_i)^2}{2\sigma^2}\right) \tag{4-45}$$

式中，按式（4–39）计算，$\sigma = D/2$ 是一个超参数。注意，p_i 是一个在 $[0, |x|]$ 范围内的实数，而 j 是一个 $[p_i - D, p_i + D]$ 范围内的整数。

（二）注意力覆盖

由注意力机制计算得到的注意力权重 α_{ij} 对于源语言侧的下标 j 是归一化的，即 $\sum_j \alpha_{ij} = 1$，但是对于目标语言侧的下标 i 不是归一化的。一个源语言单词既可能在多个目标语言位置贡献很大的注意力权重，也可能在所有目标语言位置贡献很小的注意力权重。神经机器翻译中观察到的过译（源语言单词被多次重复翻译）和漏译（源语言单词未被翻译）问题可能与注意力机制的这种缺陷有关。

在统计机器翻译中，覆盖集常用来防止过译和漏译。当一个源语言单词被翻译后，该单词会被加入覆盖集中，后续解码将只翻译尚未覆盖的单词（防止过译），并且解码结束时所有的源语言单词都应当被覆盖（防止漏译）。虽然神经机器翻译难以直接使用覆盖集，但对源语言的单词覆盖进行建模的思想仍是值得参考的。

覆盖向量以在神经机器翻译中对注意力覆盖进行建模。覆盖向量 $c_{i,j}$ 代表解码器在位置 i 时历史注意力对于源语言侧表示 h_j 的覆盖情况。由于覆盖向量随解码过程进行更新，因此使用循环神经网络来计算覆盖向量是比较自然的选择：

$$\mathcal{C}_{i,j} = f\left(c_{i-1,j}, \alpha_{i,j}, h_j, z_{i-1}\right) \tag{4-46}$$

式中：f——非线性函数，可以选择 tanh 或门控循环单元等。

从该式可看出，覆盖向量的计算考虑了历史的覆盖情况 $c_{i-1,j}$、当前的注意力 $\alpha_{i,j}$、历史的翻译情况 z_{i-1}，以及源语言侧表示 h_j。

引入覆盖向量后，注意力的计算也需要考虑历史的覆盖情况，因此，能量分数的计算修改为：

$$e_{i,j} = v_a^\top \tanh\left(W_a z_{i-1} + U_a h_j + V_a c_{i-1,j}\right) \tag{4-47}$$

相比于式（4-41）及式（4-42），该式增加了历史覆盖及对应的参数。

（三）注意力引导训练

注意力机制中的注意力权重可视为一种软对齐。如果将注意力机制自动学到的对齐放到传统的单词对齐中进行评价，会发现它的对齐错误率是比较高的。因此，一个自然的想法是利用传统单词对齐中较好的对齐为注意力机制提供监督信号，从而以一种显式方式引导注意力机制的训练。

下面以一个平行句对 (x, y) 为例介绍一种注意力引导训练方法。该方法首先利用传统单词对齐工具，如 GIZA++，获得单词对齐，并对结果进行简单的处理，得到 $|y| \times |x|$ 的对齐矩阵 $\hat{\alpha}$。将该对齐矩阵中的对齐信息加入损失函数，以辅助模型参数 θ 的训练：

$$-\log P(y\mid x; \theta) + \lambda \cdot \Delta(\alpha, \hat{\alpha}; \theta) \tag{4-48}$$

式中：α——经注意力机制计算得到的注意力权重（它是 θ 的函数）；

Δ——衡量 α 和 $\hat{\alpha}$ 之间差异的函数；$\lambda > 0$，是超参数。

Δ 函数的选择可以有多种形式，其中一种是采用交叉熵：

$$\Delta(\alpha, \hat{\alpha}; \theta) = -\sum_i \sum_j \alpha_{i,j} \log \alpha(\theta)_{i,j} \tag{4-49}$$

（四）其他改进方法

在神经机器翻译出现之前，统计机器翻译已经历了多年的发展，积累了丰富的关于统计对齐、统计翻译等方面的思想和方法。一些统计机器翻译思想可以借鉴到神经机器翻译建模中。这方面的研究工作还有许多，基本思想是认为神经机器翻译的归纳偏置是比较简单的，增加一些统计机器翻译先验知识可能会带来帮助。

将传统单词对齐模型中更多的结构偏置引入基于注意力的神经机器翻译模

型中，包括位置偏置、马尔可夫条件、繁衍度和双语对称性。对注意力机制的改进中，在计算注意力权重时考虑了上一步的上下文向量，并认为这是对统计机器翻译中重排序位置扭曲的隐式建模；除此之外，在解码器中还引入了另一种覆盖向量代表未翻译的源语言单词，但这一覆盖向量不参与注意力机制的计算，而是影响解码器隐状态的计算，这是对繁衍度的隐式建模。对扭曲进行显式建模，每一步的注意力权重由原始的注意力权重和扭曲模型通过超参数线性组合得到。

二、基于注意力的多层神经机器翻译模型 GNMT

GNMT 整体上是一个基于注意力的多层神经机器翻译模型。编码器和解码器均为 8 层循环神经网络，门控机制采用的是长短时记忆网络 LSTM。与深度学习在其他领域的应用类似，深层神经网络通常可以比浅层神经网络取得更好的效果。

（一）残差连接

简单地堆叠网络层数会导致训练收敛缓慢，甚至失败，所以以往的 LSTM 网络一般不超过 4 层。由于残差连接在其他任务上的优良表现，GNMT 引入了残差连接，以帮助训练多层神经网络。从编码器和解码器的第 3 层开始出现残差连接。例如，第 4 层循环神经网络的输入是第 3 层原始输出与第 3 层输入之和。

（二）双向编码器

在翻译过程中，整个输入的源语言序列对编码器总是可见的，并不需要固定按照从左到右的顺序进行编码。采用反向编码器（即按照从右到左的顺序逐步计算循环神经网络），并将正向编码器与反向编码器得到的表示拼接起来作为最终的表示。GNMT 同样采用了双向编码器，但仅用于编码器底层（反向循环神经网络）。该层将正向表示与反向表示连接后作为第 2 层单向（即正向）循环神经网络的输入。

（三）模型并行

GNMT 模型的各部分被分割在多个 GPU 上进行运算，以实现模型并行。编码器和解码器的各层均被分割到不同 GPU 上；由于只有编码器底层有双向循环神经网络，因此，除了编码器第 2 层需要等待双向计算完成，第 3 层及更高层的计算不必等待之前层整个序列的计算完成，从而实现加速。此外，解码器最后的 softmax 部分也做了模型并行，每个运算单元负责一部分目标语言单词相关的计算。

模型并行对模型结构产生了一定的限制。例如，假如编码器每一层都使用双向循环神经网络，那么只能并行地使用 2 张 GPU。又如，GNMT 中的注意力机制采用底层解码器的输出参与计算，假如采用顶层解码器的输出，那么解码器各层的计算将无法实现并行。

第三节　基于卷积神经网络的神经机器翻译模型

在神经机器翻译发展的初期，模型结构以循环神经网络为主。从前面章节对编码器、解码器及循环神经网络的介绍中可以发现，循环神经网络具有时域上的依存约束，即当前步的计算需要等待历史步计算完成之后才能开始。时域的依存约束使得基于循环神经网络的神经机器翻译难以实现并行计算，而另一种常用神经网络——卷积神经网络，则不受此限制。但将神经机器翻译从循环神经网络迁移到卷积神经网络，并不是一件容易的事情。本节将介绍基于卷积神经网络的神经机器翻译。

一、卷积编码器

早期的神经机器翻译采用循环神经网络构建模型，一个直观的原因是，自然语言是变长的，而循环神经网络是处理变长序列的首选。但是，如果增加一些假设，比如把上下文窗口限制在固定长度范围内，就能把变长序列转化为固定长度的输入。对于神经机器翻译，这种局部性假设可能会带来一些影响，但是这些影响基本可控，且可以通过其他方法弥补。基于这一假设，卷积神经网络就可以用于神经机器翻译建模。

相比于循环神经网络，用卷积神经网络构建神经机器翻译具有以下优势：

第一，在卷积神经网络中，每个卷积核独立处理固定长度的输入，它们之间不存在时域依存约束，因此可以并行，从而加快神经机器翻译的运算速度，尤其是训练速度。而训练速度对于需要在大规模平行语料上训练的神经机器翻译至关重要。

第二，卷积神经网络更利于机器翻译模型从数据中学习。如果将从输入到输出的计算展开，卷积神经网络基本上是一棵平衡树，而循环神经网络则极端不平衡。在循环神经网络中，最前的输入经历了多次非线性变换，而最后的输入经历的非线性变换则较少，这也是导致循环神经网络出现梯度消失等难以训练问题的原因之一。

卷积神经网络所能处理的输入长度 n 取决于卷积核宽度 k 和网络深度 h：$n=(k-1)h+1$。因此，在卷积核宽度不变的条件下，增加网络深度可以获得对更大范围输入上下文的捕获，而深层网络中的多重非线性计算也可以使网络在必要时集中于特定单词的处理。深层网络中常见的残差连接也可以用于卷积编码器，即将卷积层的输入加到卷积层的输出上，随后施加非线性激活函数（因此，残差连接没有越过非线性函数）。

最终的卷积编码器包括两个深度卷积神经网络，左上的卷积神经网络称为 CNN-a，右上的卷积神经网络称为 CNN-c。这两个卷积神经网络具有相同的网络结构，仅参数不同。CNN-a 计算得到的编码器输出 h_j 用于计算注意力权重 α_{ij}，而 CNN-c 的计算结果用于与注意力权重组合得到上下文向量 c_i：

$$h_j = CNN-a(e)_j \qquad (4-50)$$

$$\alpha_{ij} = \frac{\exp\left(d_i \cdot h_j\right)}{\sum_{k=1}^{L_x}\exp\left(d_i \cdot h_k\right)} \qquad (4-51)$$

$$c_i = \sum_{j=1}^{L_x}\alpha_{ij}CNN-c(e)_j \qquad (4-52)$$

式中：e——输入的向量序列；

d_i——根据解码器状态计算得到，用于计算注意力权重。

在常规的注意力机制中，同一个编码器输出（隐状态），既参与注意力权重的计算，也用于与注意力权重结合得到上下文向量。但在卷积编码器中，使用两个卷积神经网络得到两组不同的编码器输出，效果更好。

二、全卷积序列到序列模型

全卷积序列到序列模型并非简单地在卷积编码器的基础上增加一个卷积解码器，而是存在明显区别，最明显的一点是不再使用两个结构相同、参数不同的卷积神经网络。

（一）位置编码

位置编码用于给输入的每个词补充一个相应的位置信息。这里采用的是绝对位置编码，即根据每个输入单词的绝对位置 j 查找一个位置编码 $p_j \in \mathbb{R}^{d_{emb}}$，该位置编码向量将加到对应的词嵌入上，得到 e_j，而作为后续网络的输入。除了编码器的输入，解码器的输入同样可以使用位置编码。

（二）卷积层结构

基本的卷积层结构是一维卷积后接一个非线性激活函数。这样的卷积层堆叠多层后，可以使卷积层的输出依赖于更大范围的输入。

各个卷积层的参数包括 $W \in \mathbb{R}^{2d \times kd}$ 和 $b_w \in \mathbb{R}^{2d}$。输入是 k 个 d 维向量，将被映射为一个 $2d$ 维的输出。该输出分为两部分 $a, b \in \mathbb{R}^d$，作为非线性激活函数的输入。这里采用的非线性激活函数称为门控线性单元：

$$v([a,b]) = a \otimes \sigma(b) \qquad （4-53）$$

式中：$\otimes$——逐位相乘。

因此，门控线性单元的输出是 d 维向量。可以认为，a 编码了所有位置输入的信息，而 $\sigma(b)$ 控制哪些部分是相关的。

深层网络中的残差连接仍然是不可或缺的，与卷积编码器残差连接不同，这里的残差连接跨越了非线性函数：

$$h_j^l = v\left(W^l\left[h_{j-k/2}^{l-1}, \cdots, h_{j+k/2}^{l-1}\right] + b_w^l\right) + h_j^{l-1} \qquad （4-54）$$

式中：h_j^l——第 l-1 层的输出，也即第 1 层的输入。

在编码器中，每一层的输出通过填充零向量确保输出的长度与输入的长度保持一致。但是在解码器中，需要确保序列中未来的信息不被解码器利用。这可以通过在每一层输入左侧填充 k-1 个占位向量来实现。

此外，词嵌入维度 d_{emb} 和卷积层运算涉及的维度 d 不同，可以通过线性映射在两者之间进行转换。需要转换的地方包括：输入序列进入卷积神经网络之前，编码器最后一层输出，解码器最后一层输出（softmax 计算之前），解码器中间每一层的输出（计算注意力权重之前）。

（三）多步注意力

与一般的注意力机制不同，全卷积序列到序列模型为深层解码器的每一层单独计算注意力。在第 l 层中，当前解码器状态 z_i^l 和前一位置的目标端输入 g_i 进行组合：

$$d_i^l = W_d^l z_i^l + b_d^l + g_i \qquad （4-55）$$

基于d_i^l及编码器最后一层（第u层）的各个输出h_j^u，计算得到解码器第l层的注意力权重α_{ij}^l：

$$\alpha_{ij}^l = \frac{\exp\left(d_i^l \cdot h_j^u\right)}{\sum_{k=1}^{L_x} \exp\left(d_i^l \cdot h_k^u\right)} \qquad (4\text{--}56)$$

而上下文向量c_i^l则是利用编码器输出h_j^u和输入向量e_j加权求和得到：

$$c_i^l = \sum_{j=1}^{L_x} \alpha_{ij}^l \left(h_j^u + e_j\right) \qquad (4\text{--}57)$$

从式（4-57）可以看出，这里上下文向量的计算与一般的注意力机制也存在不同之处：一般的注意力机制会使用同一个h_j^u计算注意力权重和上下文向量。与卷积编码器中的注意力机制相比，虽然这里没有使用两个不同的网络，但是，计算注意力权重所使用的输入向量与计算上下文向量所采用的向量还是有一定区别。编码器输出h_j^u蕴含了较大范围的输入上下文，而e_j提供了某个输入的单点信息。在计算上下文向量时，同时使用h_j^u和e_j比仅使用编码器输出h_j^u效果更好。得到上下文向量c_i^l后，将其加到当前解码器状态z_i^l上。

与一般的单步注意力机制相比，多步注意力机制可视为在每个时间步上有多跳的注意力计算。例如，第1层计算得到的注意力决定了一些有用的源端上下文，这些结果将被输入到第2层，第2层的注意力计算便可以考虑第1层注意力信息。此外，多步注意力机制使解码器能够获得前$k-1$个时间步的注意力历史，因为上下文向量$c_{i-k}^{l-1}, \cdots, c_i^{l-1}$被加到了$z_{i-k}^{l-1}, \cdots, z_i^{l-1}$上作为第$l$层的输入。因此，模型可以更容易地获得哪些源端输入已被注意过的覆盖信息，间接实现类似于注意力覆盖的效果。在实验中，通过深层解码器每一层注意力权重的可视化可以发现，在不同层中，注意力机制关注不同部分的源端输入。此外，卷积神经网络结构使得每个时间步的注意力机制都可以批量计算，从而实现并行。但是，每层的注意力机制仍然是分别独立计算的。

（四）模型训练

为了使全卷积序列到序列模型的训练平稳进行，具有多种策略。其中一种策略是归一化：网络中的部分计算结果被缩放，以保证整个网络中的方差变化不至于过大。具体而言，残差层和注意力机制的输出被缩放以调整方差。残差层的输出是两项之和，该求和被乘以$\sqrt{0.5}$以使求和的方差减半，这种归一化背后的假设是两个相加项的方差相同。在注意力机制中，上下文向量是 L_x 个向量的加权和，该加权和被乘以 $L_x\sqrt{1/L_x}$ 以调整方差，其假设是注意力权重是均匀分布的。上述归一化假设通常并不完全正确，但在实际中，这些归一化操作对训练稳定性有帮助。

由于在解码器中使用了多步注意力，通过这些注意力机制传回编码器的梯度可能过多，因此，这些梯度被除以注意力机制的数量，但源端词嵌入不受此影响。该归一化操作同样能帮助稳定训练。

权重初始化对整个模型的训练同样很重要。初始化的基本原则和归一化相同：保证整个网络前向计算和反向计算中的运算值的方差较为均匀。所有词嵌入的初始化来自均值为 0、标准差为 0.1 的正态分布。对于输出不直接交给门控线性单元的层，权重按照分布 $N\left(0,\sqrt{1/n_l}\right)$ 进行初始化，其中 n_l 是每个神经元连接的输入数目。这样可以使输出的方差保持与正态分布输入的方差一致。

通过推导可知，如果门控线性单元的输入均值为 0，方差足够小，那么它输出的方差可以近似为输入方差的 1/4。因此，对于后接门控线性单元的层，需要使该层输出的方差放大为输入方差的 4 倍，于是，这些层的权重按照 $N\left(0,\sqrt{4/n_l}\right)$ 进行初始化。偏置项统一初始化为 0。

某些层的输入施加了随机失活，这些层的输入以概率 P 保留，即视为乘以一个服从伯努利分布的随机变量，该随机变量以概率 P 取值为 $1/P$，以概率 $1-P$ 取值为 0。因此，方差将按 $1/P$ 的倍数缩放。为了调整由此引起的方差变化，后接门控线性单元的层的权重按照 $N\left(0,\sqrt{4/n_l}\right)$ 进行初始化，其他层的权重按照 $N\left(0,\sqrt{P/n_l}\right)$ 进行初始化。

三、ByteNet

ByteNet 出现于 2016 年，当时主流的神经机器翻译模型仍然使用循环神经网络，但注意力机制已经出现，并且基于注意力机制的神经机器翻译相比不带注意力机制的编码器 – 解码器结构表现出明显的优势。然而，ByteNet 并没有采用注意力机制，而是从另一个角度来处理传统编码器 – 解码器结构所存在的问题。

（一）编码器 – 解码器堆叠

在传统编码器 – 解码器结构中，编码器将变长的源语言句子处理成一个固定长度的向量，该定长向量严重制约了经典神经机器翻译模型的性能。ByteNet

采用了一种与注意力机制不同的方式来应对该问题。类似于全卷积序列到序列模型，ByteNet 编码器和解码器也都是卷积神经网络，编码器通过一系列卷积运算将输入序列转化为一个向量序列，而解码器直接堆叠于编码器之上，以这个向量序列作为输入。因此，编码器输出具有动态容量。

（二）动态展开

在机器翻译中，源语言输入句子的长度 L_x 与目标语言输出句子的长度 L_y 一般是不同的，需要一种机制来处理这个问题。在 ByteNet 中，首先会根据源语言输入句子的长度计算一个目标语言输出句子长度的估计值：

$$\hat{L}_y = aL_x + b \qquad (4\text{--}58)$$

估计值 L_y 的计算有两点要考虑：一是大多数目标语言输出句子的长度不超过该估计值；二是该估计值不宜太大，否则会增加运算量。编码器将以该估计值作为输出向量序列的长度。根据在语料上的统计值，将英语翻译到德语时的 a 设为 1.2，b 设为 0（德语译文一般比英语源文文略长）。解码器将根据编码器给出的长度为 $\hat{L}_y$ 的序列进行解码。虽然解码器也是卷积神经网络，但解码过程不会将输出序列的长度限制到 $\hat{L}_y$ 以内，解码器会一直解码，直到输出句尾标识符。解码同时基于上一位置的解码输出及当前位置的编码结果，如果解码步数超出了 $\hat{L}_y$，则解码仅基于上一位置的解码输出继续进行，直到输出句尾标识符。

（三）空洞卷积

ByteNet 在解码器中同样需要确保序列中未来的信息不被解码器利用，在网络结构上同样使用了一维卷积和残差连接。ByteNet 使用了一种称为空洞卷积的技术。这里以核宽度为 3 的一维卷积为例进行介绍，对于输入序列 $(x_1, x_2, x_3, x_4, x_5, x_6)$，普通的卷积将分别处理 (x_1, x_2, x_3) (x_2, x_3, x_4) (x_3, x_4, x_5) 和 (x_4, x_5, x_6)，这等价于空洞率为 1 的空洞卷积。若空洞率为 2，则空洞卷积将分别处理 (x_1, x_3, x_5) 和 (x_2, x_4, x_6)。可见，增大空洞率可以扩大卷积的感受野。ByteNet 以 5 层为一组，从 1 开始将空洞率逐层翻倍（即 1，2，4，8，16），在编码器和解码器中各有 6 组（即各 30 层）。

（四）字符级神经机器翻译

如果将序列在字符级别进行处理，序列的长度将会显著增大。当序列非常长时，在循环神经网络中捕捉长距离依赖所需的信息传播路径将会变得很长，远距离依存信息容易在传播中消失。而在 ByteNet 中，由于编码器 – 解码器堆叠的设计和空洞卷积的使用，信息传播路径显著缩短，从而使其特别适合用于字符级神经机器翻译。与使用字符级的 GNMT 相比，ByteNet 取得了明显的提升，但在总体性能上没有超过使用子词的 GNMT。

第四节　基于自注意力的神经机器翻译模型

一、Transformer 模型

（一）Transformer 模型总体架构

Transformer 采用编码器 – 解码器结构，如图 4–1 所示[①]，左侧是编码器，右侧是解码器，两者均通过堆叠多层 Transformer 块构成。

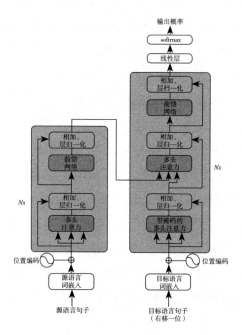

图 4–1　Transformer 模型结构

---

① 本节图片引自熊德章，李良友，张檬.神经机器翻译基础原理实践与进阶 [M]. 知识电子工业出版社：2022：145–146.

在整个模型中，有三处用到了注意力机制，汇总如下：

第一，解码器中的"编码器–解码器注意力"子层。又称为交叉注意力，查询是来自前一层（自注意力子层）的输出，键和值均为编码器的输出。它使解码器中每一个位置都能对编码器中的所有位置进行注意力计算。

第二，编码器中的自注意力子层。作为自注意力机制，查询、键、值均相同，且为编码器前一层的输出。它使编码器中每一个位置都能对编码器前一层的所有位置进行注意力计算。

第三，解码器中的自注意力子层。与编码器中的自注意力类似，区别在于，解码器中每一个位置只能对左侧和当前位置进行注意计算。

除了自注意力子层，还有前馈网络子层，它的运算与位置无关，也就是说，对每个位置执行的运算是相同的。该子层网络结构为单隐藏层的前馈神经网络，并采用 ReLU 激活函数，计算公式如下：

$$FFN(\pmb{x}) = \max\left(0, \pmb{x}\pmb{W}_1 + \pmb{b}_1\right)\pmb{W}_2 + \pmb{b}_2 \tag{4-59}$$

整个前馈网络子层的输入和输出维数均为 d_{model}=512，而隐藏层的维数是 d_{ff}=2048，也就是 $\pmb{W}_1 \in \mathbb{R}^{d_{moded} \times d_{\pi}}$，$\pmb{W}_2 \in \mathbb{R}^{d_{\pi} \times d_{moded}}$。

在词嵌入层的使用上，Transformer 与之前的神经机器翻译模型基本没有区别。词嵌入共有 3 组：编码器词嵌入、解码器输入词嵌入和解码器输出词嵌入。原始 Transformer 使这 3 组词嵌入共享参数（即源语言和目标语言共享词表）。此外，编码器词嵌入和解码器输入词嵌入在输出结果前会乘以 $\sqrt{d_{model}}$。

（二）多头注意力

Transformer 提出了一种可并行计算的注意力机制，称为多头注意力（Multi-Head Attention），如图 4–2 所示。在多头注意力中，输入的查询（Query）、键（Key）、值（Value）先被分别线性映射为 d_q，d_k，d_v 维，该线性映射共有各自独立的 h 组。随后，h 组注意力并行计算，每组得到 d_v 维的输出。这些输出再进行拼接，映射回 d_{model} 维。

多头注意力可以使模型同时注意到不同位置、不同表示子空间的信息。换句话说，各注意力头分工不同，关注不同子空间的信息，而不同子空间中的重要信息所在的位置可能不同，从而可能被不同的头捕捉到。而在单头注意力中，由于注意力权重需要在所有位置上归一化，不同子空间中的信息可能在平均中被抹去了。

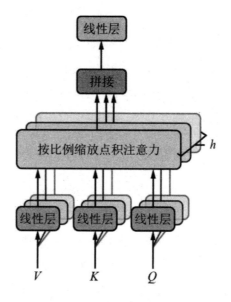

图 4-2 多头注意力

多头注意力按如下方式计算：

$$MultiHead(\boldsymbol{Q,,K,V}) = Concat\left(head_1 \cdots head_h\right)\boldsymbol{W}^O \qquad （4-60）$$

$$head_1 = Attention\left(\boldsymbol{QW}_i^Q \ \boldsymbol{KW}_i^K \ \boldsymbol{VW}_i^V\right) \qquad （4-61）$$

式中，负责进行线性映射的参数矩阵包括 $\mathbf{W}_i^Q \in \mathbb{R}^{d_{model} \times d_k}$，$\mathbf{W}_i^K \in \mathbb{R}^{d_{mode} \times d_k}$ \$,\$$\mathbf{W}_i^V$ $\in \mathbb{R}^{d_{moded} \times d_v}$，$\mathbf{W}^O \in \mathbb{R}^{hd_v \times d_{moded}}$。

原始 Transformer 中采用的头数为 $h=8$，维数 $d_k=d_v=d_{model}/h=64$。由于每个头执行运算的维数减小，多头注意力整体的计算代价与之前相当。

（三）位置编码

对 Transformer 来说，位置编码是不可或缺的，因为自注意力机制取代了循环神经网络或卷积神经网络，而在自注意力的计算中是不涉及任何位置信息的：如果把自注意力计算的输入序列做一个重排列，输出结果也仅是在位置上做相同的重排列而已。

Transformer 模型对位置编码的使用与卷积序列到序列模型类似，同样是将每个位置对应到一个 d_{model} 维的向量，以便与编码器或解码器输入端的词嵌入相加，再将结果作为自注意力子层的输入。不过，Transformer 采用了一种固定的函数式位置编码：

$$\mathbf{P}_{(p,2i)} = \sin\left(p / 10000^{2i/d_{\text{model}}}\right) \qquad (4-62)$$

$$\mathbf{P}_{(p,2i+1)} = \cos\left(p / 10000^{2i/d_{\text{model}}}\right) \qquad (4-63)$$

式中：p——位置；

i——维数下标。

这种形式的位置编码有助于模型按照相对位置进行注意计算，因为对于任意的偏移量 k，P_{p+k} 都能表示为 P_p 的线性函数。

（四）正则化

"为了使翻译模型具备良好的泛化能力和针对噪声的稳定性，可以通过正则化策略在训练翻译模型的基础上增加额外的规则限制，这些限制能够起到筛选模型的作用，从而获得具备期望特性的翻译模型。"[1]Transformer 中采用了三种类型的正则化：①残差随机失活，每个子层计算结果在与该层输入相加前施加随机失活；②输入随机失活，词嵌入与位置编码相加后施加随机失活；③标注平滑，训练时，采用超参数为 0.1 的标注平滑。虽然标注平滑会使困惑度升高，但可提高预测的准确率乃至翻译质量。

二、自注意力改进方法

（一）相对位置编码

原始 Transformer 中采用的函数式位置编码是一种绝对位置编码，提供了序列中每个输入的绝对位置信息。虽然 Transformer 提出者认为正余弦函数的设计有助于模型学习按照相对位置进行注意计算，但这种方式不如直接显式地按照相对位置进行编码。相对位置编码方法，就直接在自注意力的计算中引入相对位置信息。将自注意力的计算以行向量的方式执行：

$$\mathbf{z}_i = \sum_{j=1}^{n} \alpha_{ij}\left(\mathbf{x}_j \mathbf{W}^V\right) \qquad (4-64)$$

$$\alpha_{ij} = \frac{\exp\left(e_{ij}\right)}{\sum_{k=1}^{n} \exp\left(e_{ik}\right)} \qquad (4-65)$$

---

① 邱石贵. 神经机器翻译的正则化技术研究 [D]. 苏州：苏州大学，2022：3.

$$e_{ij} = \frac{\left(\mathbf{x}_i \mathbf{W}^Q\right)\left(\mathbf{x}_j \mathbf{W}^K\right)^\top}{\sqrt{d_k}} \tag{4-66}$$

式中，$\mathbf{W}^Q, \mathbf{W}^K, \mathbf{W}^V \in \mathbb{R}^{d_{\text{model}} \times d_k}$ 是参数矩阵，在不同的层和注意力头之间互不相同。

引入两套参数 $\mathbf{a}_{ij}^V, \mathbf{a}_{ij}^K \in \mathbb{R}^{d_k}$，两者均编码了输入元素 x_i 和 x_j 之间的关系，分别在下面两处使用。这两套参数在不同的注意力头之间可以共享或不共享，在不同的层之间则不共享。

第一处是对式（4-64）的修改，如下：

$$\mathbf{z}_i = \sum_{j=1}^{n} \alpha_{ij} \left(\mathbf{x}_j \mathbf{W}^V + \mathbf{a}_{ij}^V\right)$$

修改的动机在于，按注意力权重对元素加权时考虑了元素之间的关系。第二处是对式（4-66）的修改，如下：

$$e_{ij} = \frac{\mathbf{x}_i \mathbf{W}^Q \left(\mathbf{x}_j \mathbf{W}^K + \mathbf{a}_{ij}^K\right)^\top}{\sqrt{d_k}}$$

该修改则是在计算兼容函数时考虑了查询和键之间的关系。

在上面的修改中，理论上可以考虑两个位置 i 和 j 之间的任意关系，但作为相对位置编码，只考虑了相对位置 $j-i$。此外，最大相对位置的绝对值截断到了 k，因为相对位置相差到一定程度后，具体相差多少已经不太重要了，而且截断还有助于模型处理任意长度的序列。因此，相对位置编码的参数化方式如下：

$$\mathbf{a}_{ij}^K = \mathbf{w}_{\text{clip}(j-i,k)}^K \tag{4-67}$$

$$\mathbf{a}_{ij}^V = \mathbf{w}_{\text{clip}(j-i,k)}^V \tag{4-68}$$

$$\text{clip}(p,k) = \max(-k, \min(k, p)) \tag{4-69}$$

式中，$\left(\mathbf{w}_{-k}^K, \cdots, \mathbf{w}_k^K\right)$ 和 $\left(\mathbf{w}_{-k}^V, \cdots, \mathbf{w}_k^V\right)$ 是两组需要训练的参数，每组包括 $2k+1$ 个 d_k 维向量。

由于相对位置编码在自注意力的计算过程中被引入，而绝对位置编码在模型的输入阶段直接被叠加到词嵌入上，因此两者是可以同时使用的。不过，仅用相对位置编码比仅用绝对位置编码，翻译性能有一定的提升；但在相对位置编码基础上再使用绝对位置编码，则不会带来额外的性能提升。

（二）平均注意力网络

在 Transformer 中，由于自注意力层的最小序列操作数是 $O(1)$，因此可以在训练时高效并行计算，获得比循环神经网络更快的训练速度。但在解码时，由于自回归的性质，每个位置的计算必须依序逐一进行（即循序计算），所以无法按位置并行计算，导致 Transformer 的解码时间随序列长度 n 呈平方增长，复杂度为 $O(n^2)$。平均注意力网络将 Transformer 解码器中的多头自注意力子层替换为平均注意力模块，使得解码复杂度降为 $O(n)$，而训练时仍然保持并行计算能力。

1. 平均注意力模块

对输入序列 $(y_1, \cdots, y_m)$，首先利用一个累积平均运算得到一组上下文相关的表示：

$$\mathbf{g}_j = \text{FFN}\left(\frac{1}{j}\sum_{k=1}^{j}\mathbf{y}_k\right) \qquad (4\text{-}70)$$

式中：FFN（·）——前馈神经网络；

$\mathbf{y}_k$、$\mathbf{g}_j$——d 维向量。

从直观上看，解码器中的自注意力是根据当前位置和左侧位置动态计算每个位置的权重，而累积平均运算采用统一的权重（$1/j$）。尽管这一运算比较简单，但仍然使各个输出之间存在相关性，并且输入中的长距离依赖总能获得一定的权重。

随后，g_i 和 y_i 会经过以下门控运算：

$$\mathbf{i}_j, \mathbf{f}_j = \sigma\left(\mathbf{W}\left[\mathbf{y}_j; \mathbf{g}_j\right]\right) \qquad (4\text{-}71)$$

$$\tilde{\mathbf{h}}_j = \mathbf{i}_j \odot \mathbf{y}_j + \mathbf{f}_j \odot \qquad (4\text{-}72)$$

式中：[·;·]——向量拼接操作；

⊙——逐位乘法；

$\mathbf{i}_j$——输入门；

$\mathbf{f}_j$——遗忘门。

最后，平均注意力模块也包括残差连接和层归一化操作，所以模块输出如下：

$$\mathbf{h}_j = \text{LayerNorm}\left(\mathbf{y}_j + \tilde{\mathbf{h}}_j\right) \qquad (4\text{-}73)$$

2. 解码阶段的加速

自注意力层在解码时的缺点在于每个位置的注意力权重都需要重新计算，不能复用之前的计算结果。而在平均注意力模块中，简单的累积平均运算使得计算结果复用成为可能，通过改写式（4-70）可以清楚地看到这一点：

$$\tilde{\mathbf{g}}_j = \tilde{\mathbf{g}}_{j-1} + \mathbf{y}_j \tag{4-74}$$

$$\mathbf{g}_j = \text{FFN}\left(\frac{\tilde{\mathbf{g}}_j}{j}\right) \tag{4-75}$$

第五章 系统功能语言学在自然语言处理中的应用

第一节 系统功能语言学视角下的机器翻译与词典编纂

一、Halliday 的机器翻译观

（一）机器翻译规则系统的类型

"当代翻译理论研究之所以能成为一门独立的学科，一方面要从翻译研究发展史中去寻觅其中的脉络和必然逻辑性，另一方面要看这种研究本身是否具备足以使其成为一门独立学科的各种条件。"[①]

1. 直接翻译

直接翻译属于第一代机器翻译系统，其主要思路是直接将原文翻译为译文，相关的句法、语义分析非常有限。它的缺陷是不利于多语种互译。此外，由于分析、转换、综合等翻译阶段没有彼此清晰地区分开来，不便于根据情况灵活地调整系统的数据、程序或组成部分，否则就有可能损害整体的有效性。

2. 中间语翻译

中间语翻译属于第二代机器翻译系统，它的特点是先将原文翻译为中间语，然后通过中间语翻译为目标语。

Halliday 充分肯定了中间语在机器翻译研究中的重要作用。中间语并非自然语言，也不是人工语言，而是一种数学建构。通过中间语，就可以极大地降低多

[①] 易经.试论翻译学体系的构建 [D]. 长沙：湖南师范大学，2009.

语种互译中所需编写的程序。此外，开展中间语的研究有助于推动比较语言学的发展，从而为几种语言的对比分析提供一组普遍适用的描写范畴。

3．转换翻译

转换翻译也属于第二代机器翻译系统。在转换翻译过程中，一般明确地划分了三个阶段：①将原文转换为抽象的面向原语的表示式；②转换为对应的面向目标语的表示式；③生成最终的目标语文本。

从总体上说，Halliday 的设计方案属于转换翻译，所采用的描写语言学理论并非当时盛行的美国结构主义语言学，而是阶与范畴语法。在这个语法体系中，Halliday 提出了语言描写的三个基本层次：实体、形式和语境，其中形式可以进一步分为语法和词汇两个子层次。此外，Halliday 还提出了语言的五个基本单位：句、小句、词组 / 短语、词和词素。

从这个基本的理论框架出发，Halliday 用实例演示了机器翻译的基本过程。在第一个阶段，需要对原文的句子进行切分，依次获得其小句、词组 / 短语、词和词素。第二阶段是逐层往上进行翻译，即先翻译词素，然后翻译词，以此类推。在每一级阶的翻译中，先在目标语中找到概率最大的等值翻译选项，然后在更高阶层的翻译中根据该词出现的上下文语境进行调整。在第三阶段，根据目标语的内在结构对译文在词汇和语法方面作进一步的调整。

（二）基于语料库的机器翻译系统设想

1990 年前后，机器翻译迎来了新纪元。一个重要的标志是在基于规则的技术中引入了语料库方法，主要包括基于实例的方法和基于统计的方法。

1．基于实例的方法

基于实例的方法是现代翻译技术中的重要手段之一，其核心思想是通过利用已有译文的实例作为翻译基础，以提高翻译的准确性和效率。这种方法的原理与"翻译记忆"非常相似，即将新输入的句子与已经存在的译文数据库中的实例进行匹配，从而自动或半自动地确定最合适的译文。基于实例的方法在翻译实践中具有显著的优势，但也存在一定的局限性，需要通过优化策略来提高其应用效果。

基于实例的方法首先需要建立一个庞大且高质量的翻译实例库。这些实例库通常由大量经过专业翻译的文本组成，包括各种领域和主题的翻译对。每当系统接收到一个新的句子时，会通过检索实例库中与之相似的句子对，找到最接近的匹配，并以此作为参考来生成译文。这种方法在某些领域具有特别高的效率，尤其是那些具有较高重复率或固定表达的领域，如法律文件、技术手册等。

词汇分析与语法分析的独立进行是基于实例方法的优化策略之一。在接收到新的句子后，先进行词汇分析，将句子分解为单词或短语，并与实例库中的单词或短语进行匹配。通过这种方式，可以找到句子中部分词汇或短语的最佳匹配。这一步骤不仅有助于提高匹配的准确性，还能够为后续的语法分析提供支持。

语法分析则是在词汇分析的基础上，进一步对句子的语法结构进行解析。通过分析句子的主谓宾结构、从句关系、时态、语态等语法要素，可以更全面地理解句子的意思和结构。将语法分析结果与实例库中的相应语法结构进行匹配，可以进一步提高匹配的精确度和完整性。最终，将词汇分析与语法分析的结果有机结合，生成一个更加准确和自然的译文。

基于实例的方法不仅在翻译实践中具有重要应用，还为语言学研究提供了新的视角和方法。通过分析和匹配大量的翻译实例，可以发现不同语言之间的共性和差异，为跨语言研究和语言学理论的发展提供数据支持。此外，这种方法还可以用于训练和优化机器翻译系统，提高其翻译质量和效率。

2. 基于统计的方法

基于统计方法的本质是基于平行文本，计算一种语言中的某个语言单位与另外一种语言中对应语言单位之间的概率。如果期待计算机进行机器翻译工作，就必须为之提供既精确、又有效的描写。

在语法统计分析方面，具体做法是：①基于级阶理论，在概率统计的基础上确定源语和目标语相对应的单位，例如源语中的短语一般翻译为目标语的短语。②研究该单位的类型及其所体现的语言成分的对应概率。仅统计词类出现频率和组合规律是不够的，还需要统计词汇的搭配。而后者往往没有引起足够的重视。

Halliday 的机器翻译研究对于翻译学的建立也具有一定的启示作用：①他的研究不是局限于译本主观性评价，而是更多地关注翻译过程的研究；②他在借鉴其他学科的时候，不是生搬硬套，而是提出了自己独特的见解；③他是从一个科学化、系统化的轨道来考察机器翻译，并思考（机器）翻译的学科归属。而这些是建立翻译学的重要出路。

二、Halliday 的机器词典编纂方法

（一）机器词典的语言学基础

1. 层次

语言描写的层次在语言学研究中具有关键意义，它包括实体、形式和语境三个基本层次。这三个层次相互作用，共同构建了语言的复杂结构，为语言学研究提供了系统的方法和理论框架。

（1）实体层次。实体层次是语言描写的基础，它包括声音和书面的语言原材料。声音实体主要涉及语音学和音系学两个方面。语音学关注语言声音的物理属性和生理产生机制，包括音高、音长、音强等要素；音系学则研究音位系统及其功能，探索音位如何在特定语言中构成意义对立。书面实体则涉及文字系统和书写规则，文字不仅是语言的书面表现形式，还承载着丰富的文化和历史信息。在实体层次的研究中，音系和字音的系统性和规律性为进一步的语言分析奠定了坚实的基础。

（2）形式层次。形式层次是语言描写的核心，它指的是语言的有意义的组合，包括语法和词汇两个子层次。语法层次涉及语言结构的规则和系统，包括词法和句法。词法研究词的内部结构及其变化规则，如词缀、词根、词类等；句法研究词和词组的组合规则，关注句子的生成和理解过程。词汇层次则涉及语言的词汇系统，包括词的意义、分类、组合方式等。词汇不仅是表达具体意义的基本单位，还在一定程度上反映了文化和社会的特征。在形式层次的研究中，通过分析语法和词汇的结构和功能，可以揭示语言的内部机制和运作规律。

（3）语境层次。语境层次通过语言形式来反映非语言内容的模式。语境包括言语交际中的各种非语言因素，如社会背景、文化习俗、交际情境、言语者的身份和意图等。语境不仅影响语言的选择和使用，还决定了语言的理解和解释。在语境层次的研究中，通过分析语言与语境的互动，可以揭示语言的实际运用情况和社会功能。语境层次的研究强调语言的动态性和多样性，注重语言的实际应用和交际效果。

2. 范畴

范畴在语言学中的重要性不言而喻，它为语言结构提供了框架和组织。Halliday 提出的四个主要范畴——单位、结构、类和系统，构成了语言学分析的

核心。每一个范畴都在特定的层面上定义和解释语言现象，彼此之间又有着紧密的关系，为理解和描述语言提供了系统的方法。

（1）单位范畴。单位指的是语言中的基本成分，如音位、词素、词、短语和句子等。单位范畴通过这些基本成分来组织语言，形成了语言结构的基础。音位是最小的语音单位，词素是最小的意义单位，而词、短语和句子则是更大层次的语言单位。单位范畴的研究不仅关注这些成分的定义和分类，还探讨它们在不同语言中的具体表现和功能。通过分析单位范畴，可以揭示语言的基本结构和运作方式，为进一步的语言研究奠定基础。

（2）结构范畴。结构范畴强调语言成分之间的组合方式和排列顺序，它通过语法规则来组织和约束语言单位的组合。结构范畴不仅包括句法结构，还包括词法结构。句法结构研究词和词组的组合规则，揭示句子的生成和理解过程；词法结构研究词的内部结构及其变化规则，如词缀、词根、词类等。结构范畴的研究通过分析语言成分的组合方式，可以揭示语言的生成规则和理解机制，为语法教学和语言生成模型提供理论支持。

（3）类范畴。类范畴通过对语言成分的分类，揭示了语言的内部系统和层次结构。类范畴的研究不仅包括词类的分类，如名词、动词、形容词等，还包括更细致的语法范畴，如时态、语态、格等。类范畴通过对语言成分的分类和归纳，可以揭示语言的内部系统和层次结构，为语言教学和词汇研究提供理论支持。同时，类范畴与结构范畴之间具有紧密的联系，类总是参照上一级单位的结构而进行定义，而结构总是参照下一级单位的类而定义。

（4）系统范畴。系统范畴通过对一系列类似项目的组织，揭示了语言的多样性和选择性。系统范畴的研究不仅包括语法范畴，如时态系统、语态系统等，还包括具体的词汇，如同义词系统、反义词系统等。系统范畴通过对类似项目的组织和描述，可以揭示语言的多样性和选择性，为语言生成和理解提供理论支持。同时，系统范畴与类范畴之间具有紧密的联系，系统中的项目可以是语法范畴，也可以是具体的词汇。

这四个范畴之间的相互关系为语言学分析提供了一个全面和系统的框架。单位范畴提供了语言的基本成分，结构范畴组织和约束了这些成分的组合方式，类范畴通过分类和归纳揭示了语言的内部系统和层次结构，系统范畴通过对类似项目的组织和描述揭示了语言的多样性和选择性。

3. 阶

Halliday 通过区分三个阶——级、说明和精密度，详细解释了四个范畴之间的关系。每个阶都在语言学分析中发挥着独特的作用，为理解语言结构和功能提供了有力的框架和工具。

（1）级阶主要说明语言单位之间的联系。在阶级层次上，语言单位按照其复杂性和嵌套关系被系统地组织起来。在英语中，通常划分为五个基本的单位：句、小句、词组/短语、词和词素。句是最大的单位，包含一个或多个小句；小句包含一个或多个词组；词组包含一个或多个词；词则由一个或多个词素构成。通过级阶的分析，可以清晰地展示语言单位的层次结构和嵌套关系，为深入理解语言的组织方式提供了基础。这种层次结构不仅有助于解释句子的生成和理解过程，还为语言教学、语言生成模型的构建提供了理论支持。

（2）说明阶将范畴与语言材料联系起来。在说明阶层次上，范畴作为分析语言材料的工具，帮助揭示语言单位之间的功能关系和意义联系。通过说明阶的分析，可以将抽象的语言范畴具体化，应用于实际的语言材料中，从而揭示语言现象背后的规律和机制。例如，通过将结构范畴应用于具体的句子，可以分析句子的语法结构和成分关系；通过将类范畴应用于具体的词汇，可以揭示词汇的分类和功能特征。说明阶不仅将范畴与语言材料紧密联系起来，还为语言的描述和解释提供了实证依据，提升了语言研究的科学性和系统性。

（3）精密度用于表示范畴之间的区别或详细程度。精密度阶层次上，范畴之间的关系和详细程度得到了精确描述和区分。精密度不仅揭示了词汇和语法之间的关系，还展示了两者在语言系统中的连续统。词汇被认为是最精密的语法，这一观点强调了词汇和语法的紧密联系和相互渗透。通过精密度的分析，可以揭示词汇和语法的连续性和相似性，展示它们在语言系统中的互动和协同作用。这种分析不仅为语言学理论的发展提供了新视角，还为词汇和语法教学提供了理论依据和方法指导。

通过对级、说明和精密度三个阶的综合分析，可以全面揭示语言的层次结构和功能关系，为语言学研究提供系统的方法和工具。在阶级层次上，语言单位的层次结构和嵌套关系被清晰地展示出来；在说明阶层次上，范畴与语言材料紧密联系起来，揭示语言现象背后的规律和机制；在精密度阶层次上，范畴之间的关系和详细程度得到了精确描述和区分，展示了词汇和语法的连续性和相似性。

（二）词库的作用与词语的选择

1. 词库的作用

（1）词库在词这个级阶上实现源语和目标语的等值翻译。词库中的每一个词条都包含了源语词汇及其对应的目标语词汇，通过对这些词条的调用，机器翻译系统能够迅速找到原文中每个词语的对等翻译。这种一一对等的翻译方式保证了翻译的准确性和一致性，对于技术文档、法律文本等对准确性要求较高的文本尤为重要。

（2）当对等词缺失时，词库能够在更高的级阶中提供一个与之对等的词语串。这种功能不仅限于单词层面，而是扩展到短语或句子层面。通过对原文上下文的分析，词库能够生成一个与原文语义相符的词语串，从而实现更为自然和流畅的翻译。例如，在遇到一些在目标语中没有直接对等词汇的源语词语时，词库可以通过分析句子的结构和语境，提供一个符合目标语表达习惯的词语串，从而保证翻译的可读性和流畅性。这种在更高级阶上的实现方式，使得机器翻译系统不仅能够处理简单的词汇对等问题，还能够应对复杂的语义和句法转换问题，从而提高了翻译的整体质量。

2. 词语的选择

（1）词语选择需要充分考虑语境因素。语境是决定词语选择的关键因素之一，它直接影响词语的搭配关系和语义表达。一个词在不同的语境中可能具有不同的含义和用法，这就要求在进行词语选择时，必须对原文的上下文进行全面分析。

（2）词语选择需要考虑词汇间的纵聚合关系。纵聚合关系是指词汇在语言系统中所构成的层级结构，这种结构反映了词汇之间的相互关联和替代关系。在进行词语选择时，需要对同义词候选集进行细致的分析和筛选，确定每个候选词的适用范围和优先级，从而找到最合适的释义词。

（3）词语选择过程中的搭配关系也是需要重点考虑的因素。搭配关系是指词语在句子中与其他词语的组合方式，这种组合方式直接影响句子的语法结构和语义表达。在进行词语选择时，需要对原文中的搭配关系进行详细分析，确保所选词语在译文中能够与其他词语形成正确的搭配关系。

（4）词语选择还需要考虑目标语的特殊特征和用法。不同语言在词汇使用和语法结构上存在差异，这就要求在进行词语选择时，必须对目标语的特殊特征和用法进行充分了解。

（三）在词典学研究和电子词典编纂中的启示

1. 系统功能语言学与词典学的"联姻"

早在 20 世纪二三十年代，人们就在词典编纂的过程中有意识地借鉴语言学中的理论和方法。语言学研究领域也发生了一场"词汇主义"的革命，语言描写的重点已经从"以句法为中心"转移到了"以词汇为中心"。在这两股合力的作用下，语言学和词典学两门学科日益接近。在此背景下，一个重要的课题是在当代语言学理论的指导下进行新型词典编纂的创新。

目前，越来越多的词典学家开始关注功能主义语言学，尤其是系统功能语言学的价值和作用。词典学家们的主要观点包括：①词典学应该从语言本体研究模式中摆脱出来，将词典和词典学问题置于功能语言学的框架内进行研究；②系统功能语言学的核心思想——语言的系统性、功能性、层次性、社会性和或然性，并初步阐述了它们对于词典功能、释义方式、语用标注等方面的深刻影响。

为了进一步促进系统功能语言学与词典学的交叉和融合，有必要深入研究 Halliday 本人的机器词典思想和相关的成果。他的词库理论具有两个鲜明的特点：①词典学的研究与语言学理论和翻译实践是密不可分的，开展这方面的研究，有利于在一个"适用语言学理论"的基础上推动词典学和翻译学之间的间性研究，尤其是针对词典中的"对等词"、机器翻译与词典等一系列问题的跨学科研究；②在词典学的研究中，应该充分关注计算机科学技术的进步和发展。目前，这已经成为当代词典学研究的一个重要趋势。

2. 电子词典编纂结构的改进

尽管 Halliday 机器词典研究的初衷是服务于机器翻译的需要，但是他所提出的同义词词库法对于电子词典的编纂也能起到一定的指导作用，从而进一步服务于语言教学的需要。

以英语介词的编纂为例。在一般的辞书中，介词往往单列为一个词条，然后为之提供各种释义项。然而，这种编纂方式往往存在两个主要的缺陷：①介词意义繁多，难以记忆；②在具体应用的时候，容易受到母语的干扰出现搭配不当的情况。

而 Halliday 采用同义词词库法，将整个介词看作是一个词汇序列。然后，进一步把介词分为两大类：决定介词和替换介词。前者指的是介词的出现取决于前面或后面的语言成分，因此可以进一步分为：①前决定介词；②后决定介词。而"替换介词"指的是短语中的某个介词可以为其他介词所替换，此时会产生意义的区别。

在编纂同义词词库的时候，"决定介词"不作为一个独立的词条出现，而是作为决定词的一个语法形式。"前决定介词"与其决定词共同组成一个词条。如果决定词是一个动词，与介词构成的这个语法形式就是其及物形式。如果是名词或形容词，则往往通过"of"连接。而"后决定介词"也是与其决定词作为一个整体输入进词库。"替换介词"可以进入不同的系统。它们也可以分为两种情况：①作为词汇变体，即与动词进行组合；②可以对介词进行单独的翻译。

与之相比，大部分辞书中都没有对介词进行如此细致的分类研究，而是把所有的介词都处理为了"替换介词"中的第二类。实际上，很多介词是附着于其他词类，或者是其他词组中一个不可分割的有机组成部分。如果对这部分介词也采用同样的处理方法，即进行单独的翻译，则所获得的对等词往往缺乏语言学上的理据，在教学中也不利于学生的记忆与运用。

第二节　系统功能语言学在自动语篇生成中的应用

自然语言生成又称为语篇生成，指计算机通过自然语言文本来表达人们的意图和思想。"翻译过程本质上是译者进行语篇建构的过程，语篇意义建构能力是译者翻译能力的重要体现。"[①] 而语篇生成系统是相应的计算机软件系统，它能够自动地生成可以理解的自然语言文本。自然语言生成对于系统功能语言学理论本身的可计算性提出了更高的要求。从计算语言学的角度来看，语言学理论必须进行形式化的处理，即通过数理逻辑的方法和手段对原来的理论体系结构进行更加严密和明晰的表征。只有这样，才能够进一步使编制的程序在计算机上得以实现。

---

① 郑亚亚.译者语篇意义建构及其能力研究[J].南京工程学院学报（社会科学版），2023，23（03）：47.

一、PROTEUS 系统

PROTEUS 是第一个真正意义上的语篇生成系统。与以往的一些系统相比，它初步具备了一个相对完整的生成结构，包括"文本规划""句子规划"和"句子实现"三个基本的组成部分。

（一）PROTEUS 的设计流程

PROTEUS 的设计流程图如图 5-1 所示[①]下：

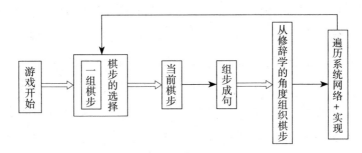

图 5-1　PROTEUS 的设计流程

PROTEUS 描述的是"三连棋"游戏。当游戏开始后，它会选择当前的棋步来生成相应的小句或句子。如此循环，直至将所输入的一组棋步都生成为自然语言。

（二）中介表示形式

当棋步生成为小句、句子时，一个重要的过渡阶段是"中介式"的构建。

以某盘棋局为例，PROTEUS 的棋步依次为 7、9、2、1，而对手 ACD 相应的棋步分别为 4、8、5、6。针对这一组棋步，PROTEUS 会生成如下中介式（图 5-2）：

```
[[ <Proteus> <square 7> start <game> take <square 7> ]          a.
[ <ACD> <square 4> take <square 4> ]                            b.
· · ·                                                           (n)
```

图 5-2　PROTEUS 的中介式示例

---

① 本节图片引自李学宁，李向明，宋孟洪. 系统功能语言学在自然语言处理中的知识表示研究 [M]. 上海：上海交通大学出版社，2018：39-55.

　　从数理逻辑的角度来看，中介式就是由一个或多个基本命题构成的一阶谓词演算系统。以中介式 a 为例，它包括两个基本命题：① [start<game>]："start"为谓词，"game"为论元；② [<Proteus>take<square7>]："take"为谓词，"Proteus"和 "square7"均为论元。

　　通过中介式，PROTEUS 在棋步、命题、小句或句子三者之间建立了对应关系：①一个棋步对应一个基本命题；②一个基本命题对应一个小句。该小句可以是一个简单句，也可以是一个复杂句中的分句。一般而言，谓词充当句中的谓语，而论元则充当主语或宾语。

　　基本命题与小句、句子之间并非一一对应。一方面，谓词和论元在充当句子成分时需要进一步明确相应的语法范畴，例如名词的性、数、格和动词的时、体、态等；另一方面，小句或句子之间必须具有连贯性，才能构成一个真正的自然语言文本。

（三）Hudson 系统语法

　　PROTEUS 采用了 Hudson 的系统语法，进一步将中介式实现为相应的小句或句子。在生成过程中，该语法主要完成如下两项工作：

1. 语法范畴的明确

　　在系统语法中，语法知识表示为众多的系统网络。在生成的过程中，需要在系统网络中选择一系列的特征，才能逐步明确语法范畴并生成相应的句法成分。

　　图 5-3 是一个名词系统片段。当选择 [单数，限定，指示]，将会生成一个以定冠词 "the" 引导的单数名词词组；如果选择 [复数，限定，指示，远指]，则会生成一个以指示代词 "those" 引导的复数名词词组。

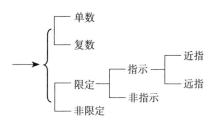

图 5-3　名词系统片段

2. 衔接手段的应用

　　PROTEUS 根据中介式（1–n）生成的一段范文，其中第一句中的 "The game

started"和"my taking a corner"分别对应中介式①的两个基本命题：① The game started with my taking a corner, and you took an adjacent one. ② I threatened you by taking the middle of the edge opposite that and adjacent to the one which I had just taken but you blocked it and threatened me⋯

为了增强文本的连贯性，PROTEUS 使用了替代、照应、连接等一系列的衔接手段。例如，在①中用"one"替代"acorner"。在②中用"that""it"照应前面的相关成分。此外，还使用了"and""but"等连接词分别表示小句之间的因果关系和对比关系。

二、PENMAN 系统

PENMAN 是一个具有里程碑意义的语篇生成系统。它实现了系统功能语言学与计算机技术的深度结合，并在此基础上提出了著名的 NIGEL 语法。此外，它具有良好的可移植性，可以广泛地应用于不同的领域。

（一）PENMAN 的设计流程

图 5-4 是 PENMAN 的设计流程：

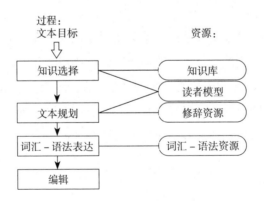

图 5-4　PENMAN 的设计框架

PENMAN 系统具有两个重要的特点：

第一，将"资源"与"过程"明确区分开来。在 PENMAN 中，资源包括知识库、读者模型、修辞资源和词汇－语法资源。其中，修辞资源采用的是修辞结构理论，而词汇－语法资源应用的是系统功能语法。

第二，过程是对于资源的调用。它的执行方式是串行处理，依次为：①知识选择：从知识库中选择相关的知识；②文本规划：在修辞资源中选择合适的策略，将所抽取的相关知识组织为一个修辞结构；③词汇—语法表达：采用系统功能语法，将文本规划表达为词语；④编辑：采用一个编辑器，对上一个阶段生成的文本进行润色并输出最终文本。

在知识选择与文本规划过程中，都需要参考读者模型。从写作过程模型来说，PENMAN 的语篇生成在本质上是一种与读者的沟通方式。因此，具有社会互动模式的特点。

（二）NIGEL 语法和环境

Matthiessen 和 Bateman 进一步将 PENMAN 的基本框架概括为两个主要的组成部分——NIGEL 语法及其工作环境（图 5-5）：

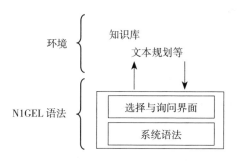

图 5-5　NIGEL 语法和环境

NIGEL 语法包括两个部分：系统语法、选择与询问界面。其中，系统语法可以进一步分为系统、实现规则和词库。有必要指出的是，NIGEL 语法中的系统超过了 2000 个，为当时最大的英语系统语法。此外，其提出的一些实现规则，例如插入、预选等均为后续的一些语篇生成系统所广泛采用。

选择与询问界面是系统语法与环境之间的界面。环境主要由知识库、文本规划所组成，包含了一些涉及事物语法范畴方面的信息，例如静态、非静态等。而选择与询问则向环境提出询问，并根据回答对系统中的特征进行有目的的选择。

例如，界面会向环境提出一系列问题，以选择小句的及物性类型。首先，它会询问该过程是否为静态过程。如果肯定，则进一步询问是否为心理过程；如果否定，则继续询问是否为其他过程（图 5-6）。

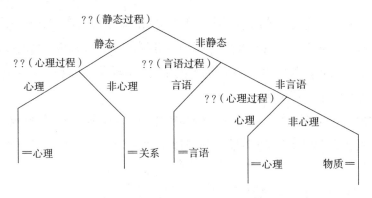

图 5-6　过程类型的选择与询问

三、CSRS 系统

CSRS 系统是国内少数几个采用系统功能语言学的语篇生成系统。它能够进行书面语和口语的生成，并在口语翻译系统、信息查询系统中得到实际的应用。

（一）CSRS 工作流程的设计

系统输入的是一种语义表示。通过特征与模板相结合的方法，逐步进行句子和短语的实现。最后，通过线性化过程生成汉语句子。生成过程图示如下（图 5-7）：

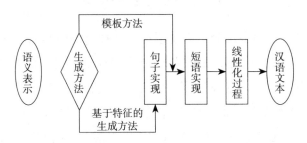

图 5-7　CSRS 的生成过程

（二）语义表示的形式

系统中的语义表示是一种扩展了的谓词结构，由谓词信息、必有论元和可选论元三个部分组成。谓词信息包括主要动词、语义、语态和时态等。必有论元是一个完整句子所需的参与者。可选论元是不影响句子完整性的信息，包括时间、地点、方式等。语义表示采用的形式是巴科斯 – 努尔范式（简称 BNF）。它由许多特征结构构成，而一个特征结构为一组"特征 – 值"对。

（三）模板与特征方法的结合

在系统中，采用了模板和特征相结合的混合生成方法。模板方法生成效率高，但是通用性比较差；而特征方法则恰恰相反。将两种方法有机地结合起来，就能够使系统既具有较好的通用性和灵活性，又能提高生成效率。

具体做法是采用特征结构对特征和模板进行统一地表示。以图 5-8 为例，可以在 c 设置一个新的特征"template"。它表示模板，其值为一个固定的词串。例如，在一个基于 CSRS 建立的"北极星"旅游咨询系统中，如果用户询问的路线是该系统所不能够提供的，则输出"对不起，我们目前没有这样的服务"这个字符串。

```
((cat clause)                                                    a.
(process (type template))                                       b.
(template <place>, 对不起，我们目前没有这样的服务)            c.
(pattern template)
```

图 5-8　"北极星"旅游咨询系统的应用

（四）基于系统功能语言学的汉语自然语言生成语法

在句法实现部分，CSRS 采用系统功能语言学建立了汉语的自然语言生成语法。具体地说，它对复句、单句和短语三个句法层面进行了描述，并建立了不同的特征系统网络。

第一，在复句层，共区分了并列、承接、递进等十大类。其中，大部分复句还可以进一步分为不同的小类。在复句的生成过程中，核心问题是关联词的添加。

第二，在单句层，重点是建立概念功能、人际功能和语篇功能系统网络。在概念功能系统网络中，建立及物性系统。在人际功能系统中，主要建立了时态系统、语气系统和情态系统。在语篇系统中，建立了主位结构和信息结构系统。至于小句之间的衔接，则归属到了句子规划部分。

第三，在短语层，建立了一个功能类型和结构类型合取系统。其中，功能类型包括名词性短语、动词性短语和形容词性短语。而结构类型包括偏正短语、动宾短语、主谓短语等。

四、自然语言生成中"组合沟"现象的凸显

（一）"组合沟"现象

"组合关系"和"聚合关系"是结构主义语言学家 Saussure 提出的一组术语，原本用于描写两个语言单位之间的复杂关系。例如，一个单词与句中其他单词为横向的组合关系，而与在句中可以取代它的单词为纵向的聚合关系。

随着语言学理论的发展，这两个术语被赋予了新的含义。在一些文献中，"组合关系"专指句法组合关系，而"聚合关系"则专指语义聚合关系。因此，它们共同构成了一个开展语言描写或用于理论建构的句法 – 语义界面。

在系统功能语言学中，"聚合关系"和"组合关系"进一步演变成了"系统"和"结构"。其中，系统表示的是一种特殊的语义，即语义潜势。而结构特指"功能结构"，即功能句法。

"组合沟"现象指的是聚合关系在转化为组合关系过程中存在困难。从系统功能语言学的角度来说，就是语义潜势在体现为功能句法结构的过程中存在障碍。

（二）"组合沟"现象在 PENMAN 系统中的表现

在进行语篇生成的时候，系统功能语言学中提出了五种基本的"体现陈述"，见表 5–1[①]，以便对体现不同元功能的小句结构及其功能成分进行合并、排序，并进一步体现为名词词组、动词词组等不同的语类范畴。

然而，由于系统功能语言学的句法结构描写从总体上说采用的是"多变结构"模式，在语篇生成的过程中需要对体现不同元功能的功能成分进行大量的合并操作，而这在大部分采用 PCM 句法 – 语义构架的现代语言学理论中显得非常另类。

表 5–1 五种基本的体现陈述

操作	示例	说明
插入（insert）	+Subject	明确一个功能成分，例如"主语"。
排序（order）	Subject^Finite	对相邻的两个功能成分进行排序，例如"主语"在"限定成分"之前。

---

① 本节表格引自李学宁，李向明，宋孟洪 . 系统功能语言学在自然语言处理中的知识表示研究 [M]. 上海：上海交通大学出版社，2018：51.

操作	示例	说明
扩展（expand）	Mood（Finite）	一个功能成分包含另外一个功能成分，例如"情态"包含"限定成分"。
合并（conflate）	Subject/Agent	将两个不同的功能成分进行合并，例如"主语"和"动作者"。
预选（preselect）	Subject：[Nominal-group]	为一个功能成分预选一个特征，例如"主语"必须通过名词词组来实现。

此外，当小句的功能句法结构进一步体现为词组和词的时候，由于系统功能语言学没有对词、词组和小句三个不同级阶提出一个统一的结构描写框架，需要通过大量的预选手段来逐级加以实现。这些操作尽管在一些技术性不强的应用领域显得无关紧要，但是在进行语篇生成的时候却在一定程度上影响到了系统的运行速度。

以小句的层级分析为例，在系统功能语言学中一般采用句法功能与词类相结合的标注体系，但是各家的具体做法存在差异。Halliday 只对功能进行了明确的标记。至于词类，他采用了层级实现，即预选的操作来进行指派。

当 Halliday 的理论框架应用于 PENMAN 研制的时候，在相应的 NIGEL 语法中出现了大量的预选操作，因此显得十分累赘。

（三）Teich 的解决方案

1. "组合沟"的逻辑功能分析

在系统功能语言学理论体系中，系统网络中的选择与语言的基本功能，即元功能存在对应关系。在系统功能语言学理论框架中划分了三个层次：语境层、语义层、音系学层等。这些层次均按照元功能的原则进行组织。例如，语境层根据概念功能、人际功能和语篇功能分为了语场、语旨和语式。在语法层的小句级阶上，根据功能相应地区分为及物性系统、语气系统和主位系统。

Teich 试图从元功能的角度来解决"组合沟"现象。问题的症结在于词汇 - 语法层面的概念功能，更准确地说是逻辑功能的分析。系统功能语言理论框架中划分了 5 个级阶，从小到大依次为：词素、词、词组 / 短语、小句和句。在 NIGEL 语法中，词素和词合为了一个级阶。它们的一个共同特点是对于句法结构及其内部组成关系的描写缺乏统一性和概括性。

以下为在词、词组和小句三个主要级阶上对系统功能语言学和生成语法的句法分析方法进行对比分析：

（1）生成语法的句法分析方法。在生成语法理论体系中，X-bar 理论采用如图 5-9 的图式对各种句法结构的内部结构和共有的结构特征进行了统一的处理。

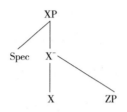

图 5-9　X-bar 图式

第一，当 X 代表 N、V、A、Adv 或 P 的时候，所生成的短语结构分别为名词词组（NP）、动词词组（VP）、形容词词组（AP）、副词词组（AdvP）或介词词组 / 短语（PP）。此时，词和词组 / 短语之间的关系为投射关系。所生成的结构均为向心结构，它们都有一个中心。

第二，当 X 代表 I 或 C 的时候，分别生成屈折词短语（IP）和标句词分句（CP），即限定性小句和由 if、whether、for、that 等词引导的非限定性小句。这些结构与上述词组具有相同的句法结构和特征。

从系统功能语言学的角度来说，X-bar 理论中的所有结构类型均为单变结构，并且这个单变结构具有一个中心即 X。通过投射关系，清晰地揭示了词、词组和小句等不同层次单位之间的区别和联系。从计算语言学的角度来说，这种统一的处理模式有助于后续的程序编写和执行。

（2）系统功能语言学的句法分析方法。在小句层，出现了切分性、韵律性和突出性三种不同的结构形式。在这些结构形式中，所揭示的是功能成分之间的功能关系，而不是组成成分之间的句法结构关系。在生成句子的时候，需要通过预选操作将功能成分用句法范畴表示出来。此外还需要进行相应的插入和合并操作，才能将功能成分插入句子成分结构之中并与其他成分进行语序的调整。

以英语中某情态系统的实现为例（图 5-10）：

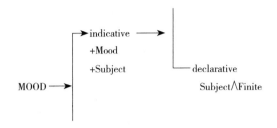

图 5-10   英语情态系统及其实现命题节略图

在该系统中，具有相应的实现命题。特征 [indicative] 的实现命题是 +Subject，意为插入主语。特征 [declarative] 的实现命题是 SubjectΛFinite，表示"主语在先，谓语在后"。因此，所体现的局部句法结构为：Subject+Finite。

与 X-bar 理论中的结构相比，系统功能语言学中的大部分结构类型及其所体现的句法结构缺乏一个共同的中心，因此不是向心结构，而是离心结构。在小句和词组两个级阶之间，功能成分的实现主要依靠各种预选操作，因此在语言学理论体系的一致性方面显得不是很连贯。在计算语言学中，这种处理方式的一个严重后果就是在程序编写的过程中会出现大量的漏洞。

2．依存系统功能语言学及其表征

（1）"依存"与"配价"概念的引入。在自然语言处理的发展中，最先得到广泛采用的是基于 Chomsky 句法理论的短语结构模型。然而，这种模型具有许多局限性，尤其是语法的生成能力太强，区分歧义结构的能力很差。因此，在自然语言生成的时候会产生大量的歧义句。此后，人们提出了一些新的语法理论，例如：①基于合一运算的形式模型，包括 Kaplan 的词汇功能语法（LFG）、MartinKay 的功能合一语法（FUG）、Gazdar 的广义短语结构语法（GPSG）、中心词驱动的短语结构语法（HPSG）等；②基于依存和配价的形式模型，包括 Tesniere 的依存语法和 Herbig 等人的配价语法；③基于格语法的形式模型；④基于词汇主义的形式模型等。

Teich 借鉴的是基于依存和配价的形式模型。她试图提出一种新的语法模型即依存系统功能语法，目的是对句法结构及其内部组成进行统一的描写与表征。

与短语结构语法相比，依存语法中没有词组这个层次。这样一来，每一个节点都与句子中的单词相对应，因此能够直接处理词与词之间的关系，大大减少了节点的数目。在相应的依存系统功能语言学中，Teich 对传统的级阶理论进行了重新表述（图 5-11）：

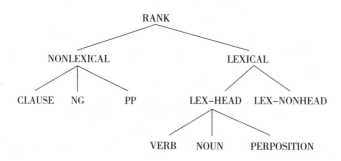

图 5-11　依存系统功能语法级阶示意图

在上图中，在精密度上提出了两大类级阶——词汇类和非词汇类。然后，进一步将词汇类分为词汇中心和词汇非中心；将非词汇类区分为小句、名词词组和介词短语等不同子类。在其理论体系中，同样没有设定词组这个中间层次，保留了依存语法简洁明了的特点。

Teich 试图将所有的依存结构处理为一个具有中心词的向心结构。在词汇中心子类中，包含了动词、名词和介词三种代表性词类。在更大的句法结构中，它们分别构成了小句、名词词组和介词短语的中心词。与配价语法结合起来，可以更加精确地揭示依存成分与中心词之间的支配关系。以德语中的名词词组为例，可以更加充分地揭示依存成分与中心词之间存在性、数、格的一致性。

（2）"类型特征结构"表征方法的采用。在现代语言学的研究中，特征是一个重要的分析方法和表征手段。它在结构主义音位学的研究中得到应用，此后进一步应用于其他学派的句法和语义分析。

特征分析法在系统功能语言学的研究中也得到了广泛的应用。在系统网络中，不同的选择通过特征来进行表征。然而，系统功能语言学中特征的性质及其组织与广义短语结构语法、中心词驱动的短语结构语法等其他一些当代语法理论存在较大差异。系统功能语言学中的特征主要是功能驱动的，而其他语法中的特征主要是形式驱动的，从而便于后续的句法结构生成；系统功能语言学中的特征是基元，因此不便于进一步分解。而在其他语法体系中往往采用特征结构，包括特征和不同的值。

在系统功能语言学形式化研究中，一个重要的动态是借鉴其他语法理论中的特征结构对原来的理论体系进行重新表征。最先开展这方面研究工作的是Kasper。他借鉴的是特征合一语法中的功能描写框架，其理由是系统功能语言学和特征合一语法都强调语言结构中的聚合关系。此后，Bateman 等人首次提出采用类型特征结构对系统功能语言学进行计算表征，即具有可计算性的表征。Teich 沿用了 Bateman 等人的研究思路，一个创新之处是采用类型特征结构有效地表征了句法结构的依存关系。

第三节　多模态语料库中的系统功能语言学知识建模

一、MCA：针对影视语篇的分析与检索

多模态语料库标注系统（简称 MCA）作为多媒体信息检索工具，是由意大利系统功能语言学和多模态话语分析专家AnthonyBaldry 和其他学者共同研发的。该信息检索工具基于系统功能语言学和多模态话语分析理论，以"帧"为基本单位来刻画影视语篇的语义内容和类型结构，从而成功地表征了多媒体信息的语义内容。当MCA 应用于外语电化教学的时候，就能够及时地呈现词语的多模态语境，可视化地表征句子的功能语义，从而有效地服务于功能主义语言观指导下的教学活动。

（一）影视语篇的多模态话语分析

1. 多模态话语分析的采用

信息检索是一门交叉学科，与语言学存在密切的关系。一般说来，在文本信息检索中运用得比较多的是词法和句法方面的知识，例如截词检索、字符屏蔽等。而在多媒体信息检索中，则迫切需要一种科学的方法来描述多媒体信息中所蕴含的语义内容。

目前，人们已经开始认识到了多模态话语分析的重要作用。与其他的语言学理论相比，多模态话语分析的研究对象不但包括语言，而且包括图像、声音、颜色、动漫等其他意义表现形式。在研究方法上，它充分运用了人类的不同感知能力，从视觉、听觉等不同的模态出发来刻画多模态语篇的特征和内容。

多模态话语分析的理论基础之一是系统功能语言学。从系统功能语言学中，

多模态话语分析接受了一个重要的观点：语言是一个符号系统和意义潜势；语言以外的符号也是意义的源泉。此外，多模态话语也同时具有概念功能、人际功能和语篇功能。

2. 影视语篇的特点、内容与意义

影视语篇的多模态特性决定了其在语义表达上的复杂性和深度。不同于单一文本或图像的语篇形式，影视语篇通过综合运用多种符号系统，如语言、声音和图像，以更加立体的方式传递信息。语言符号系统通过对白、旁白等形式，提供了直接的语义传递渠道。声音符号系统，包括背景音乐、环境音效和音频特效，进一步丰富了语篇的情感和氛围。图像符号系统，通过镜头语言、画面构图和视觉特效，构建了直观的视觉语义。手势和肢体语言作为非言语符号系统，则补充了语言和声音符号系统无法完全表达的情感和意图。音乐符号系统，通过旋律和节奏，增强了语篇的情感感染力和氛围塑造。这些符号系统相互作用，形成了一个综合的语义网络，使得影视语篇能够在不同层面上传递丰富的含义。

影视语篇的动态性是其区别于其他语篇形式的重要特点。影视作品通过镜头的切换、画面的变换和情节的推进，以时间为轴展开叙事。这种动态性不仅增强了叙事的连贯性和节奏感，也使得语篇在时间维度上呈现出多样化的语义变化。镜头的运用，如推拉镜头、摇移镜头和定格镜头等，不仅在视觉上引导观众的注意力，同时也在隐喻和象征层面上传递了额外的语义信息。画面的变换，如场景的切换和过渡效果，强化了叙事的逻辑和情感的延续。情节的推进，通过戏剧冲突和人物发展的展示，深化了主题和意义。这种动态性使得影视语篇在信息传递和情感交流上更加立体和深入。

影视语篇的互动性也是其重要的特征之一，特别是在直播节目和互动媒体中表现得尤为突出。互动性使得观众不仅是被动的信息接收者，还可以成为主动的参与者。在某些直播节目中，观众可以通过电话、短信或网络平台与主持人互动，提出问题或发表看法。这种互动不仅增强了观众的参与感和体验感，也在一定程度上影响了节目的内容和走向，形成了一个双向的交流过程。互动性的存在，使得影视语篇不仅是信息的传递载体，更成为了一种交流和互动的媒介。

在影视语篇的内容与意义方面，影视作品不仅是娱乐和消遣的工具，更是一种重要的文化和社会表达方式。通过对不同题材和主题的探索，影视作品反映了社会的价值观、伦理道德和文化背景。正片和纪录片等影片类型，常常通过叙事和纪实的方式，揭示社会问题和人性真相，启发观众的思考和共鸣。卡通片和广告等类型，通过创意和幽默的表现形式，传递了价值观和消费观念，影响了观众的心理和行为。新闻和体育节目，通过实时报道和赛事转播，提供了信息和娱乐，同时也在一定程度上塑造了公众舆论和社会氛围。讲座、聚会和婚庆录像等类型，通过记录和展示特定事件和活动，保存了个人和集体的记忆和历史，具有重要的纪实和传承价值。

3. 帧的语义描述

（1）帧的语义描述需要从其多模态特性入手。帧并非仅仅依靠语言来传达意义，而是综合了声音、运动、手势和目光等多种模态资源。这种多模态特性使得帧在传递信息时具有高度的丰富性和多样性。一个简单的行走动作，如果结合不同的声音背景、手势和目光，可以表达出截然不同的语义。声音背景可能传递出角色的情感状态或环境氛围，手势可以补充语言未能表达的信息，而目光则可以揭示角色的内心世界。这些模态资源的有机结合，使得帧的语义表达更加生动和具体。

（2）帧作为动作单位，与具体的动作密切相关。每一个帧都是一个动作的表现，无论是行走、说话还是睡觉，帧通过这些具体的动作将抽象的语义转化为具体的视觉和听觉信息。动作不仅仅是帧的基本构成元素，同时也是其语义表达的核心。在一个说话的帧中，角色的口型、手势、目光方向等细节都在传递语言之外的丰富信息，这些信息共同构成了帧的语义内容。因此，理解帧的语义描述需要深入分析这些具体的动作及其所传递的多重意义。

（3）不同的帧可以组合起来，构成一个更加复杂的语义结构。帧并非孤立存在，而是通过逻辑关系和时间序列与其他帧相互连接，形成完整的语篇。多个帧的组合可以构建出更加复杂和深刻的语义结构。在一个连续的行走帧序列中，不同的行走方式、步伐快慢、身体姿态等细节，能够传达出角色的心情、性格特点和情境变化。通过帧的组合，观众可以在不知不觉中理解到更为复杂和细腻的语义信息。

（4）帧的不同类型和结构是语义描述的重要组成部分。根据帧中所表现的动作和模态资源的不同，可以将帧分为多种类型，例如叙述帧、情感帧和动作帧等。叙述帧主要通过语言和声音传递叙事信息，情感帧则通过表情、手势和目光等非语言模态表达角色的情感状态，而动作帧则主要集中在具体动作的表现上。这些不同类型的帧在语义表达中各有侧重，彼此补充，共同构成了丰富的语义结构。此外，帧的结构也具有层次性，不同层次的帧通过内在的逻辑关系和时间序列形成完整的语篇。理解帧的类型和结构，有助于更好地把握其语义描述的复杂性和多样性。

（5）帧的语义描述在影视语篇的研究中具有重要作用。影视语篇作为一种多模态语篇，帧是其基本的语义单位，通过帧的组合和衔接，构建出完整的叙事结构和语义过程。在影视语篇中，帧不仅传递故事情节，还在情感表达、角色刻画和氛围营造等方面发挥着关键作用。通过对帧的语义描述的深入研究，可以揭示影视语篇的语类结构，理解其凸显特征。

（6）帧的语义描述还具有一定的实用价值。随着多媒体技术的发展，帧的语义分析在影视制作、媒体传播和人机交互等领域发挥着越来越重要的作用。在影视制作中，通过对帧的精细分析和处理，可以提升影片的叙事效果和视觉冲击力。在媒体传播中，帧的语义分析可以帮助优化内容的呈现方式，提高观众的接受度和参与感。在人机交互中，通过对帧的语义识别和处理，可以提升交互系统的智能化水平，实现更加自然和人性化的用户体验。因此，帧的语义描述不仅具有理论意义，也在实践中具有广泛的应用前景。

（二）影视语篇的多模态转写方法与主要标注工具

1. 两种基本的多模态转写方法

从系统功能语法的角度来说，转写就是对影视语篇语义表达过程的处理。借用生物学上的两个术语"InVitro"（在生物体外进行的过程）与"InVivo"（在生物体内进行的过程），来比喻两种不同的多模态语篇的转写方法——体外法和体内法。

体外法是一种静态的多模态标注方法。基本思想是把一部影视分割为不同的帧，然后采用不同的方法把它们重构起来。这是一种灵活、实用的标注方法，但是它需要对影视语篇进行切割，因此会带来语义表达资源和过程方面的损失。

而体内法则允许使用者直接标注影视语篇，并随后观察和比较所有具有相同标注的序列。因此，它是一种活语篇分析方法，观察、比较的不是一系列剧照，而是影视本身。体内法能够把标注集与影视片段联系起来，因此可以避免体外法的缺陷。

2. MCA 的主要标注工具

在体外法和体内法的基础上，MCA 以网页的形式提供了三个基本的标注工具：媒体索引、语法定义与选择、序列分析。这些工具将影视语篇分割为不同的功能单位，并标注每个单位中不同的语义资源所激活的意义模式。

（1）媒体索引。媒体索引具有三个基本的功能：①把语篇分割为任何长度的序列，媒体索引既可以处理影视语篇，也可以处理非影视语篇；②为单个语篇及其组成部分命名，此后，可以进一步精确标注每一个序列的起始时间；③初步标记所属语篇类型，同一个影视语篇的序列可以归属一个或多个语义表达模块，从而进行不同的语法分析。

（2）语法定义与选择。由语法定义和语法选择两部分组成，表征了帧及其所体现的语义表达过程和语义表达结构。

（三）MCA 在外语电化教学中的应用

1. 词语多模态语境的及时呈现

语境在词汇教学中起到了十分重要的作用。然而，传统文本检索工具采用 KWIC 方式所提供的语境其实是一组组语句。这种语境是单模态的，不能完整地呈现词语出现的情景语境和文化语境。尽管提供这种语境有助于发现词汇的搭配规律，但难以有效地培养学生学会如何在特定的语境中合适地使用语言。

在一般的多媒体教学中，能够用声音、录像和图画提供现场情况和文化语境。但是，通过手工的方式难以在一个音频或视频文件中及时、准确地查询到词语所出现的片断，尤其是难以在多个文件中找到同一个词语所出现的片断并进行对比。

2. 基于语义的句子查询

传统的文本检索工具是一种基于形式的检索，即通过语言形式，尤其是关键词来检索相应的语句，因此，适应于具有结构主义语言学倾向的理论研究和相关的教学实践活动，例如词语的搭配与共现、类联接等。

而 MCA 则是在系统功能语言学理论指导下开发的一个语篇分析工具。与以往的文本检索工具相比，一个重大的改进是可视化地表征了句子（在系统功能语法中，一般称为小句）的语义结构。

目前，国内学者已经关注计算机技术，尤其是网络技术在外语教学中的应用。但要将这些技术，例如网络技术、微机技术、博客技术等有机地整合起来，则离不开多模态语料库的建构与检索。因此，如何将 MCA 与一些新的电化教学技术结合起来，则是一个非常有意义的研究课题。

二、GeM 模型：针对版面的分析与检索

文类与多模态模型（简称 GeM 模型）。该理论于 2008 年正式提出，2010 年初步引入到国内。近两年开始应用于微博的研究，呈现出了不断发展的态势。

（一）GeM 模型的总体框架

Bateman 认为页面、文档等多模态语篇是一个"多层次符号制品"。因此，他在 GeM 模型中设置了三个主要的分析层次："基础""版面"和"语义内容"。其中，语义内容层进一步分为两个子层次：第一层为"修辞部分"和"浏览元素"，第二层为"文类部分"。

基础层位于版面层和语义内容层之间。它的任务只是客观地切分出来页面、文档上所有具有物理表现形式的元素，但是并不先入为主地标记它们在多模态语篇建构中的作用和功能。此后，版面层确定页面、文档的版面特点和结构。语义内容层则考查元素的修辞关系和浏览提示作用，并在此基础上确定整个页面、文档所属的文类。

每个层次都有各自的基本分析单位。但是，基础层中的"基础单位"为最小颗粒。其他层次中的单位，例如"版面单位"则通过这些基础单位组合而成，因此往往具有更大的颗粒度。

（二）基础层、版面层、语义内容层的工作原理

1. 基础层

基础层的核心任务是确定页面的基础单位。Bateman 对基础单位进行了界定，指出它们具有以下特征：

（1）最小性。它们充当其他层次中分析单位的"公分母"，即是其他基本单位的基础。

（2）独立性。它们的识别不依赖于版面和语义内容的分析，而仅仅是基于它们在页面上具有可见的物理表现形式。

Bateman 也充分认识到了确定基础单位的复杂性。例如，一个句子如果分处两个不同的页面，则需要将其处理为两个不同的单位。此外，句子或片段中的序号、页码或图标等往往有必要将其处理为一个基础单位，以便对它们在后续层次，

尤其是在浏览元素部分中作进一步的分析。这样一来，就出现了一个基础单位嵌套于另外一个基础单位的复杂情况。

2. 版面层

版面层的任务是对基础单位进行视觉聚类，包括以下三部分的主要内容：

（1）版面分割。这个部分的核心是确定版面单位。Bateman 区分了两类主要的版面元素：排字和图画。其中，排字的基本单位为"段落"，而图画的基本单位为"图画元素"，即图画本身。

GeM 模型是从一个更加宏观的角度出发来考察版面效果。因此，它在排字方面一般不再细化到句子甚至字符。在图画方面也不深入到其内部结构。

（2）体现信息。在这个部分，需要研究版面单位的形式。Bateman 将版面单位分为两大类——文本元素和图画元素，并进一步提出了它们的分析特征。

在 GeM 模型中，对文本元素主要采用如下特征来进行分析，见表 5-2[①]：

表 5-2　文本元素的分析特征

特征	值	特征	值	特征	值	特征	值
类型	text	定位	L1，3	字体	times	字形	normal
字体灰度	normal	颜色	black	大小写	mixed	行距	14

其中，"定位"指待分析的版面单位所在的位置（参见图 5-12[②]）。

目前，对于图画元素的分析还存在不一致的意见。Bateman 的做法是先把它们分为四大类——照片、自然主义绘画、素描、图表。此后，根据不同的文类作进一步的分析。

（3）版面结构。版面结构指版面单位之间的一种层级关系。一般采用决策树的形式将已确定的版面单位一层一层地组织起来，从而揭示页面的整体布局。通过一个区域模型，进一步确定版面单位在页面中的实际位置。

---

① 本节表格引自李学宁，李向明，宋孟洪. 系统功能语言学在自然语言处理中的知识表示研究 [M]. 上海：上海交通大学出版社，2018：74.

② 本节图片引自李学宁，李向明，宋孟洪. 系统功能语言学在自然语言处理中的知识表示研究 [M]. 上海：上海交通大学出版社，2018：74.

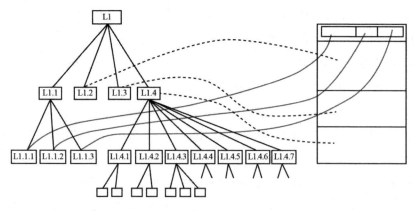

图 5-12　版面结构（左）与区域模型（右）

在版面结构中，L1 表示页面的整体结构，包括四个主要的组成部分：

第一，L1.1 为页眉，位于页面的顶部。它由 L1.1.1（1Gannet、3FamilySulidae）、L1.1.2（4Gannets）和 L1.1.3（2SulaBasana、5No.27）组成。

第二，L1.2 为图片，位于页眉之下。

第三，L1.1.3 为图片之下的一段文本。

第四，L1.1.4 为该段文本之下的 7 个句子或句子片段，即 L1.4.1 至 L1.4.7。其中，L1.4.1 至 L1.4.3 均包含了 2 ～ 3 个基础单位（从略）。

3. 语义内容层

（1）第一子层次。修辞部分与浏览元素。在修辞部分，需要研究页面、文档中元素之间的修辞关系及其所体现的交际功能。Bateman 采用的分析框架是 W.C.Mann 和 S.A.Thompson 的修辞结构理论（简称 RST 理论）。但是，在以下方面进行了一定的修正：

第一，对分析的基本单位即结构段进行了重新界定。它既可以指文本中的小句、句子或整个段落，也可以是图像或其组成部分。

第二，修辞结构关系的分析不再局限于文本中线性相邻的结构段，而是页面上任何角度相邻的两个结构段之间。

第三，对经典的 RST 结构关系进行了拓展，并提出了一种新的"多核心重述关系"。RST 理论认为两个结构段在语义上是核心与辅助的关系。然而，这种观点并不适合于页面中图文关系的分析，因为往往难以确定图像和文字在表意方面的主次之分。因此，在必要时将文字和图像结构段均看作是核心，两者之间是一种重述关系。

（2）第二子层次。文类部分。文类部分的作用是基于修辞部分和浏览元素，进一步判断出页面、文档的文类类型。Bateman 制定了一个宏伟的目标，详尽细致、切实可行地描写出历史发展中所增加的多模态语篇类型。具体做法如下：

第一，在研究方法上，有必要借鉴以往纯文本语篇分析中的文类概念及其严密的分类方法。

第二，在具体研究过程中，进行大量的实证分析，弄清楚各类多模态语篇在 GeM 模型的各层次中的特征和组成部分。

这样一来，就能够将语篇文类的变化置于一个更加宏大的"文类空间"之中，从而有利于开展一系列多模态语篇的对比分析，并进一步预测多模态语篇的功能和发展。

（三）GeM 模型的应用举例

1. 多模态页面、文档语料库的标注与检索

Bateman 试图建立一个多模态页面、文档语料库，其首要的任务是对所收集的页面、文档进行切分与标注，以便此后进行多模态、多媒体检索。Bateman 以另一个 Gannet 页面为例，主要从基础层、版面层和修辞部分三个层次对页面进行分解，并标注了该页面在不同层次中的特征。在此基础上，就可以进一步从中归纳总结出同一文类的页面、文档所具有的共同特征及其在不同层次中的分布规律。

目前，Bateman 等人主要采用数据存储语言 XML 对多模态语料库进行标注和检索，展示了 GeM 模型作为页面、文档标注方案的适用性。

2. 微博的语篇结构分析

在国内，GeM 模型已初步应用到了微博的语篇结构研究中。微博是一种典型的多模态语篇，也是一种具有广泛影响力的超文本语篇。因此，对于它的研究具有较强的实践意义和一定的理论价值：

（1）从基础层、版面层、修辞层和浏览层对腾讯微博（英文版）进行了切分，提出其版面结构和修辞结构存在不匹配的情况，"Find"的功能是对全文起到检索作用，其标签适合于摆放到网页的主体部分而不是头部。

（2）从基础层、版面层、修辞层和浏览层四个层次对微博进行考察，但是发现转发微博在版面结构方面具有特殊性，微博语篇即是相对独立和完整的最小

结构单位，但同时又可以不断嵌套构成更大的结构单位。这样一来，有助于从理论上反思和发展 GeM 模型的分析方法。

3. 其他领域中的应用前景

目前，IT 行业的一个热点是大数据。它的一个重要特点是数据类型繁多，除了传统的文本数据，还有网络日志、视频、图片等。而 GeM 模型正是研究如何切分与标注页面、文档中不同类型的复杂数据，以便对它们进行统一的检索。因此，它在大数据时代具有广阔的应用前景。对于外语教学而言，GeM 模型也有助于对多模态语言材料进行小颗粒切分和标注，从而有利于实现快速地检索与定位。此外，GeM 模型还可以进一步应用于其他领域，例如设计领域中的广告设计、平面设计、手机页面设计等。

第六章　人工智能时代下机器翻译技术的发展探索

第一节　人工智能时代翻译技术伦理的构建探索

在当前的人工智能时代，翻译技术的迅猛发展带来了显著的生产力提升，同时也引发了广泛的伦理反思。科技公司如科大讯飞、搜狗和谷歌等推出的智能翻译工具，利用深度学习和神经网络技术，使得机器翻译在自动化和智能化方面取得了巨大进步。例如，谷歌翻译利用卷积神经网络和注意力算法，扩展了其应用范围至文学作品翻译，这些都标志着翻译技术的新突破。然而，随着技术的快速进步，人们面临着如何理解和处理技术对翻译行业带来的深远影响的挑战。翻译技术的普及使得传统的翻译伦理面临新的考验。传统伦理主要以译者为中心，强调译文与原文的对比和译者在翻译过程中的决策。然而，在机器翻译成为主流工具后，伦理讨论逐渐扩展至如何平衡机器翻译的价值理性与人文理性，以及如何处理人机协同下的伦理问题。

"面对技术化时代对传统翻译伦理在规约主体、规约标准和规约场景等方面所造成的挑战，有必要从翻译技术研发、使用和教育的不同阶段出发，对技术人员、'译者'群体以及教育工作者所应承担的责任与义务进行明确，从而拓展翻译伦理的研究范畴，同时促进翻译技术的和谐、有序发展。"[①] 以下将通过对当前翻译技术导致的突出问题进行梳理，解析背后的原因，并结合人工智能伦理研究的最新成果，探索构建人工智能时代翻译技术伦理框架。

---

① 李晗佶，陈海庆. 技术化时代的翻译伦理研究：挑战与拓展 [J]. 东北大学学报（社会科学版），2020，22（1）：112–119.

一、人工智能时代翻译技术带来的伦理思考

伦理是在描述人与人、人与社会的关系基础上，提出的一套道理和社会规范，它的重要功能在于规范行为，维护秩序。人工智能技术是人类社会的重大技术进步，它改变了原有的生产力、生产关系和上层建筑，挑战着原有的伦理价值判断标准，必然导致各种各样伦理问题的产生。

信息技术时代，翻译术语库、记忆库和语料库已经被业界广泛使用，而在人工智能时代，术语库、记忆库和语料库获得了自适应能力和深度学习能力，尤其是算法的隐藏性、泛在性和自适应等特征，凸显了翻译自动化和智能化可能引发的信息安全、知识产权等诸多方面的问题，给翻译行业带来巨大的冲击，已经成为讨论的焦点和伦理思考的重要出发点。

（一）安全

随着技术的飞速进步，特别是《新一代人工智能发展规划》的出台，强调了安全风险防范的紧迫性。人工智能翻译技术，以其自动化与智能化的显著特征，极大地拓宽了翻译服务的边界，满足了多元化、即时性的翻译需求。然而，这一技术革新也伴生着不容忽视的安全隐忧。

具体而言，人工智能翻译系统所依赖的复杂算法，在提升翻译效率与质量的同时，也隐含着对个人隐私数据的过度采集与深度分析的风险。在缺乏充分透明度与用户同意的情况下，这种数据的无界限处理极易导致个人信息泄露，进而威胁用户的数据主权与隐私安全。相较于传统信息技术时代，人工智能时代的信息流动更为迅猛，应用场景的广泛性与复杂性显著增强，这无疑加剧了安全风险的暴露面。

对于语言服务行业的专业用户而言，高安全级别的文本翻译依赖于自动翻译技术的准确性与稳定性。然而，任何技术故障或算法缺陷都可能导致翻译错误，进而引发信息误导或安全漏洞，直接危害客户与终端用户的利益。此外，网络安全挑战的日益严峻，使得自动翻译过程中的数据传输与存储面临被非法入侵、篡改或窃取的风险，尤其是在云存储环境下，黑客攻击成为悬而未决的隐忧。

更为深层次的是，翻译资源的控制权若未得到有效监管与限制，将直接关联到国家语言信息安全的防护体系。在全球化与信息化的双重背景下，语言信息不仅是文化交流的载体，更是国家安全战略的重要组成部分。因此，确保翻译技术

的安全可控，防止敏感语言信息的泄露与滥用，是维护国家语言信息安全、促进健康信息生态的关键所在。

（二）知识产权

党的十九大报告所强调的知识产权战略，为翻译领域的版权管理指明了方向，即在促进技术创新与经济增长的同时，必须构建坚实的知识产权保护体系。翻译活动中的知识产权核心在于翻译作品的著作权归属及其行使界限。翻译者作为创作性劳动的主体，享有对翻译作品的完整著作权，但这一权利的行使不得侵害原作品的版权。然而，随着信息与通信技术（ICT）的演进及人工智能的兴起，特别是众包翻译向机器翻译的转变，知识产权的复杂性显著增加。一方面，训练机器翻译所需的海量数据库构建过程中，涉及译文使用的版权问题变得尤为棘手。由于机器学习的特性，译文的多次利用成为常态，但其知识产权归属及许可费用分配机制尚不明晰，这不仅关乎译者的合理回报，也影响着数据供应商与算法开发者之间的权益平衡。另一方面，我国机器翻译产业的快速发展虽促进了技术与应用的深度融合，但也暴露了数据供应与算法保护方面的不足，尤其是网络数据的版权合规性及算法创新的专利保护，成为亟待解决的问题。

更为深刻的是，人工智能翻译产品的"新颖性、创造性、独创性"评估标准正面临前所未有的挑战。传统上，翻译作品以其对原作的精准再现与创造性演绎获得版权保护，体现了译者智力劳动的价值。然而，在人工智能时代，机器翻译凭借大数据处理与算法优化的能力，可能在表达丰富性与风格塑造上展现出超越人类译者的潜力。这一现象引发了关于翻译作品独创性判断的深刻讨论：如何在肯定人类译者创造性贡献的同时，合理界定并保护机器翻译成果中的创新要素？这要求我们在知识产权理论与实践上做出适应性调整，既尊重原创精神，又鼓励技术创新，探索建立适应人工智能时代特点的版权保护框架。

（三）行业冲击

在人工智能技术的浪潮下，翻译行业正经历着前所未有的变革，其影响深远且多维度地重塑着行业生态。这一变革不仅体现在翻译工具与技术的快速迭代，如机器翻译、机器辅助翻译工具（CAT）及口译技术的智能化升级，更深刻地触及了行业规范、业务模式、市场格局乃至商业伦理等多个层面。

技术革新首先引发了翻译行业服务模式的根本性转变。随着客户需求的线上化迁移和服务场景的虚拟化拓展，远程口译、实时翻译等新兴服务形式应运而生，对翻译技术的实时性、精准性和安全性提出了更高要求。这一转变促使语言服务企业加大技术投入，技术人员比例上升，而传统译者的角色与地位则面临挑战，其薪酬结构与工作自主性亦受到技术外包与众包模式的影响，进一步模糊了翻译成果的所有权与利益分配。

市场层面，人工智能技术的广泛应用加速了翻译市场的分化与重构。机器翻译的高效性与成本效益使其在技术性文本处理中占据优势，不断蚕食传统人工翻译的市场份额。同时，深度学习模型如 GPT-4 的崛起，更是将翻译能力推向了前所未有的高度，使得个体用户也能轻松获取高质量的翻译服务，进一步加剧了市场竞争。面对这一趋势，传统翻译企业需不断探索技术创新与业务模式升级，以应对技术冲击带来的挑战，确保可持续发展。

此外，翻译技术的产业化进程也伴随着一系列商业伦理问题的浮现。在追求效率与利润的同时，翻译技术企业需承担起保护语言资源、保障译者权益、促进环境友好等社会责任。这要求企业在技术应用过程中，不仅要关注技术本身的进步，更要审视其对社会、环境及个体产生的长远影响，确保技术发展与社会伦理相协调。

二、人工智能时代翻译技术伦理的内涵与原则

（一）人工智能时代翻译技术伦理的内涵解读

翻译技术伦理，作为翻译伦理体系中的新兴维度，其核心任务在于探索如何在技术飞速发展的背景下，合理应用技术以最小化潜在风险，同时明确技术、人类及被技术赋能主体间的权力结构与责任边界。

从技术本质来看，人工智能驱动下的翻译技术，是科技进步与翻译实践深度融合的产物，旨在通过高度复杂的算法模拟人类翻译过程，实现自主学习与适应，从而在不同语境下生成高质量的翻译输出。这一过程不仅模糊了传统译者的身份界限，使之转变为人机协作的共同体，还扩展了翻译活动的参与主体，涵盖了从技术开发者到最终用户的广泛群体。

面对这一变革，翻译伦理的视野需相应拓宽，借鉴约纳斯责任伦理的深远视角，将人工智能及其参与的翻译活动纳入伦理考量范畴，确立一套涵盖广泛行为主体的道德准则。在此框架下，翻译技术伦理不仅关注智能机器本身的伦理责任，还强调设计者、生产者、检测者、销售者及使用者等扩展主体的伦理角色与义务。

这些主体共同构成了翻译技术生态系统中不可或缺的一环，其行为与决策直接影响到技术的安全、公正与可持续发展。

因此，人工智能时代的翻译技术伦理，实质上是在探索并确立一套指导智能翻译技术产品、服务及应用中，人与智能机器共同遵循的伦理原则与行为规范。这要求我们在享受技术便利的同时，始终保持对技术不确定性的警觉，积极构建伦理对话机制，确保技术发展服务于社会福祉，促进人机和谐共生，为翻译行业的未来发展奠定坚实的伦理基础。

（二）构建人工智能时代翻译技术伦理的原则

为了能够更好地提出适合人工智能时代翻译技术的伦理，应该对人工智能技术自身的特点有进一步的了解。人工智能技术的特点具体表现为不确定性、遮蔽性和系统复杂性。不确定性是指人工智能在发展的过程中可能出现的新问题和新情况，后果难以预料；遮蔽性是指人工智能通过大数据和深度学习获得自适应能力后，一切运行都无法通过直观第一时间把控，出现问题可能也没有任何征兆；而其复杂性则体现在人工智能技术在研发和应用的过程中，各个学科、科研工作者和人员均参与其中，在复杂的系统中协同工作，各个环节的沟通与协同至关重要。可以想象，人工智能时代的翻译技术，最终会进化到完全由机器来翻译的时代，一旦出现翻译质量问题，可能会因为在问题的发生时无法得到及时的纠正，从而导致严重的后果。

基于上述特点，参考人工智能伦理应该遵循的整体性等一般性原则，人工智能时代翻译技术伦理的基本原则应包括以下方面：

第一，整体性原则。整体性原则强调在审视翻译技术伦理时，需把握技术发展的整体脉络与趋势，认识到翻译技术从初级到高级、从辅助到自主的渐进过程，是人类智慧与科技进步相结合的必然结果。整体性原则要求我们在构建伦理体系时，既要回顾历史，总结经验教训，又要前瞻未来，预见技术发展的伦理挑战，从而在宏观层面确保伦理规范的系统性与连贯性。

第二，过程性原则。鉴于翻译技术伦理的构建贯穿于技术生命周期的每一环节，过程性原则倡导将设计、研发、生产、应用及后续评估等全过程纳入伦理考量范畴。这意味着，从翻译软件的初步构想到最终用户的实际体验，每一阶段都应遵循相应的伦理准则，确保技术发展的每一步都符合伦理要求，从而构建起全方位、多层次的伦理防护网。

第三，适应性原则。适应性原则对应了人工智能不断发展的特点，对于新的价值元素的引入始终保持开放的态势。人工智能时代的翻译技术也是一个动态发展过程，从弱人工智能赋能的翻译技术到强人工智能翻译技术，人与机器的互动会出现不断的变化，所以对出现的问题要时刻予以关注。

第四，相容与灵活原则。在复杂多变的翻译技术生态中，相容性原则倡导在尊重整体伦理框架的基础上，兼顾不同情境下的特殊需求与个体差异，实现伦理价值的普遍适用与灵活调整。同时，灵活性原则鼓励针对具体问题采取差异化解决方案，避免一刀切式的伦理判断。这一原则要求我们在面对由人工智能翻译引发的问题时，能够深入剖析其背后的技术逻辑与社会因素，采取科学、合理且富有创造性的方法予以解决。

三、人工智能时代翻译技术伦理的框架构建

基于人工智能的翻译技术伦理原则，我们接下来将提出基于价值—标准—规范的人工智能翻译技术伦理框架。首先明晰人工智能翻译技术伦理的基本价值，然后确定人工智能伦理的基本标准，并最终落实人工智能翻译技术伦理的相关责任。

（一）人工智能时代翻译技术伦理的价值

在人工智能时代，翻译技术伦理的构建是一个多维度的挑战。翻译技术作为人工智能技术的一个分支，其伦理价值的探讨不仅局限于技术本身，更涉及到科技伦理在特定领域的应用和实践。科技伦理的普遍原则为翻译技术伦理的构建提供了基础，但同时也需要考虑到翻译技术特有的伦理问题。

预见性是翻译技术伦理构建中的关键要素。这一理念强调从传统的回顾式伦理思考向前瞻式伦理介入转变。通过在技术的设计、应用和评估过程中融入伦理考量，可以预见并应对技术发展可能带来的伦理挑战和不确定性。这种前瞻性和预防性的伦理介入，有助于确保技术发展与社会价值的一致性，从而推动翻译技术的健康发展。

人机协同理念在翻译技术伦理中占据核心地位。它强调在推动技术发展的同时，必须尊重人的主体地位，并促进技术与人类的和谐共生。这不仅是对技术工具性的认可，更是对技术应服务于人类全面发展目标的重申。通过构建人机协同的翻译生态系统，不仅可以最大化地发挥技术的优势，还可以保障译者的专业性

和翻译活动的文化价值，实现技术与人文的双重提升。

可持续发展理念为翻译技术伦理的长远发展提供了指导。在全球化的大背景下，翻译技术的广泛应用不仅促进了跨文化交流，也对翻译产业生态产生了深远的影响。因此，翻译技术伦理的构建必须考虑其对社会、经济、文化等多领域的长远影响。通过确保翻译技术的发展能够支撑并促进翻译产业的可持续发展，可以维护译者的权益，促进翻译生态的良性循环，从而实现翻译技术伦理的长期价值。

（二）人工智能时代翻译技术伦理的标准

对应上述翻译技术伦理的价值观，进一步从算法、交互和生态三个方面构建伦理标准。

1. 算法伦理

在人工智能翻译技术迅猛发展的语境下，算法伦理的探讨成为不可或缺的一环。作为技术内核的算法，不仅是驱动数据库、语料库、记忆库及机器翻译与自然语言处理能力的基石，更是连接技术伦理与实际应用的关键桥梁。算法伦理的核心诉求，在于促使开发者在设计之初即融入对伦理问题的深刻考量，确保技术应用的正当性与人道性。

（1）算法的可解释性，这一特性在基于神经网络的翻译系统中尤为重要。鉴于神经网络复杂的学习机制常导致输入输出间关系的不透明，即"算法黑箱"现象，提升算法可解释性成为增强技术信任与可控性的必要途径。理想中的翻译技术伦理框架，应追求语言转换过程与人类认知结构、语言习惯及文化背景的深度融合与响应，通过优化算法设计，使其决策逻辑与结果能够为人所理解，进而促进算法的透明化与社会接受度。

（2）算法的去偏见性。在翻译技术的实践中，无论是交互偏见、潜意识偏见、选择偏见还是确认偏见，都可能潜藏于训练数据中，对翻译结果产生不可预见的负面影响，如加剧文化误解或传播歧视性内容。因此，确保训练语料的无偏见性，是构建负责任 AI 翻译系统的先决条件。这要求开发者在数据预处理阶段，采取严谨的数据审计与清洗措施，全面分析数据分布特性，并在模型构建过程中融入公平性考量，力求在源头上消除偏见因素，确保翻译结果的客观性与公正性。

2. 交互伦理

交互伦理，作为探讨人与机器在翻译活动中共存与协作的伦理框架，深刻影响着翻译流程的每一个环节，从初始的机器翻译到后续的译后编审，乃至翻译成果的发布、传播与反馈。随着人机交互的日益频繁与深入，传统翻译模式的边界被重塑，组织管理方式、信息传播路径及读者反馈机制均经历了前所未有的变革。诚然，翻译技术的初衷在于赋能翻译主体，提升效率与质量，但其广泛应用亦不经意间构成了对翻译主体自主性与创造性的某种制约。

互联网的高速发展为信息的即时流通铺设了快车道，但同时也引发了个人数据隐私保护的严峻挑战，加剧了数字鸿沟现象，使得个体在虚拟空间中的身份认同与社交互动模式变得复杂而微妙。在此背景下，机器翻译等技术的角色定位及其与人的关系变得模糊不清，权力与责任的分界趋于模糊，进一步凸显了人类对自身能力边界认知的局限。

面对技术发展与人之适应性之间的张力，技术的迭代升级与人的认知与行为调适是一个相互依存、共同进化的过程。因此，在多样化的翻译实践中，针对不同用户群体与技术应用场景，预设并动态调整相应的伦理规范显得尤为关键。具体而言，构建人机交互伦理体系可细化为三个维度：一是强化人机交互翻译过程伦理，确保翻译流程的透明度与可追溯性；二是深化人机交互翻译组织风控伦理，以有效管理潜在风险，保障数据安全与隐私保护；三是完善人机交互翻译评价伦理，促进评价机制的公正性与客观性，为翻译质量的持续提升提供有力支撑。

3. 生态伦理

在翻译生态系统的演进历程中，技术的融入不仅是技术革新的体现，更是对生态系统可持续性原则的深刻践行。从生态伦理的视域出发，技术作为新兴生态成员，其发展与运用必须紧密贴合译者、译作、译境三者间的和谐共生需求，共同构建作品追溯、语言安全，以及多元包容的伦理基石。

具体而言，数字化的作品追溯制度为翻译技术领域的知识产权保护提供了坚实的制度保障。这一制度的实施，不仅能够有效厘清翻译成果的权属关系，防止机器翻译成果的滥用与篡改，还促进了翻译行业内的公平竞争与健康发展，为创新活力的持续激发奠定了良好基础。

语言安全作为翻译生态系统中的另一核心议题，要求我们在技术导入时务必审慎考虑其对语言多样性的潜在影响。这包括但不限于确保翻译技术在使用过程中能够尊重并维护语言的多样性，避免单一语言的过度扩张；同时，还需关注自动翻译过程中语言方向的精准控制，特别是在涉及舆情敏感领域时，确保翻译内容符合社会主流价值观与法律法规要求，从而维护社会稳定与和谐。

此外，多元包容的伦理理念在翻译技术伦理体系构建中占据举足轻重的地位。它倡导在人工智能时代背景下，翻译技术的伦理规范应广泛吸纳学术界、企业界、管理机构、设计者及使用者等多方利益相关者的智慧与力量，通过跨领域的对话与合作，共同塑造一个既包容差异又促进共识的伦理框架。这一框架的形成，不仅有助于提升翻译技术的社会认可度与影响力，更将为实现翻译生态系统的全面可持续发展注入强劲动力。

（三）人工智能时代翻译技术伦理的规范

在人工智能时代，翻译技术的伦理规范构建成为确保技术健康发展与社会和谐共生的关键议题。这一规范体系不仅需植根于翻译伦理的深厚土壤，还需通过工具途径与行为途径的双重路径，实现伦理价值与标准的精准落地。

就工具途径而言，人工智能翻译技术的伦理设计评价构成了其核心环节。鉴于单纯道德图灵测试所固有的行为主义偏见与评价标准局限性，我们倡导采用设计证实的方法论，即深度融合翻译伦理的核心价值与标准，构建一套可控、负责且可理解的伦理推理机制，以此为基础，发展出针对人工智能翻译技术的设计伦理测试评价体系。同时，秉持"伦理即服务"的先进理念，我们应将抽象的伦理原则具象化为可操作的服务措施，并通过数字化工具无缝融入人工智能产品与服务的全生命周期，确保伦理要求得到持续、有效的执行与监督。

另外，行为途径则聚焦于基于翻译伦理敏感设计的翻译行为规范。在此框架下，我们借鉴技术伦理学的建构性评估思路，围绕翻译质量这一核心要素，开展价值敏感设计实践。这要求我们从使用环境、责任分配、流程规范及具体应用场景等多维度出发，详尽列出翻译行为的伦理价值清单，并据此构建一套涵盖专注、责任、能力与交互性在内的译者伦理道德规范体系。尤为重要的是，需将人工智能的设计语境与翻译的实际使用语境紧密融合，依据不同翻译环境的特异性，灵活调整伦理规范的敏感性与适应性。

进一步地，翻译伦理标准指导下的翻译技术应用伦理规范，应具体落实到译文质量与流程控制两大维度。在译文质量层面，我们应依托算法伦理的介入，构建以算法为基石的可控翻译质量体系，并配套制定相应的翻译评价准则，以确保翻译成果的准确性与可信度。而在翻译流程伦理规范方面，则需将交互性伦理标准深度嵌入人机协同的翻译组织流程设计中，从组织流程与操作流程双重视角出发，明确人机系统的流程设计规范要求，促进人机合作的顺畅与高效，共同推动翻译事业的繁荣发展。

第二节　基于知识蒸馏的神经机器翻译发展方向

机器翻译（MT），作为自然语言处理（NLP）领域的核心议题之一，其发展历程深刻反映了技术进步对全球化交流效率的推动作用。随着 21 世纪全球互联网架构的飞速扩展与经济一体化的深化，信息洪流跨越国界，国际互动日益紧密，多语言环境下的高效沟通成为时代课题。在此背景下，机器翻译技术的研发不仅是对技术挑战的积极回应，更是促进全球知识共享与文化交流的关键力量。

机器翻译技术的演进历程，可划分为三大里程碑式的阶段：基于规则的机器翻译（RBMT）奠定了基本原理框架，通过预设的语言规则实现文本转换；随后，基于统计的机器翻译（SMT）通过大规模语料库学习语言间的统计规律，显著提升了翻译的灵活性和准确性；而近年来，随着深度学习技术的蓬勃兴起，神经机器翻译（NMT）以其强大的特征学习能力引领了新一轮变革。NMT 通过引入多样化的神经网络架构,如卷积神经网络(CNN)捕获局部特征、循环神经网络(RNN)处理序列依赖，以及 Transformer 模型凭借自注意力机制革新性地突破了传统序列建模的局限，实现了对长距离依赖的有效捕捉和并行计算的高效性，极大提升了翻译质量与速度。"神经机器翻译（NMT）模型通常具有庞大的参数量，例如，Transformer 在词表设为 3 万时有将近 1 亿的神经元，模型的参数量越大，模型越难优化，且存储模型的资源需求也越高。"[①]

然而，Transformer 模型在展现卓越性能的同时，也面临着模型规模庞大、计算资源需求高的挑战。为此，研究者们致力于优化模型结构，其中知识蒸馏（KD）技术作为一种有效的模型压缩手段，通过从大型模型中提炼关键知识并迁移至小型模型，实现了在保证一定翻译质量的前提下，显著降低模型复杂度和计算成本，促进了机器翻译技术在资源受限环境下的广泛应用。这一努力不仅体现了技术创

---

① 周孝青，段湘煜，俞鸿飞，等．基于递进式半知识蒸馏的神经机器翻译 [J]. 中文信息学报，2021，35（2）：52–60.

新的深度，也彰显了解决实际应用难题的广度，为机器翻译技术的可持续发展铺平了道路。

一、知识蒸馏技术的框架与类型

在当前的深度学习研究领域中，Transformer模型因其卓越的性能而广受青睐，但其庞大的参数量与结构冗余性限制了其在资源受限环境中的部署与应用。针对此问题，模型压缩技术作为关键解决方案之一，正受到广泛关注与深入研究。其中，剪枝、量化及低精度方法通过减少模型参数的数量或降低其精度要求，有效缓解了内存与计算资源的压力。然而，知识蒸馏（KD）技术以其独特的知识迁移机制，在保持模型性能的同时，实现了更为显著的模型瘦身效果。

（一）知识蒸馏技术的基本框架

知识蒸馏（KD）技术，可以将复杂的神经网络模型（教师模型）的知识传输给一个更小、更轻量级的神经网络模型（学生模型），如图6-1所示。教师模型通常是一个深度神经网络，它在任务上表现良好，而学生模型则是一个较小的网络，旨在保持性能的同时减少计算和内存开销，降低对硬件环境的要求。知识蒸馏的目的是使学生模型能够学习到教师模型的预测能力和泛化能力，从而在资源有限的环境中获得更好的性能。知识蒸馏可以作为一种正则化技术，有助于防止模型在训练数据上过拟合。

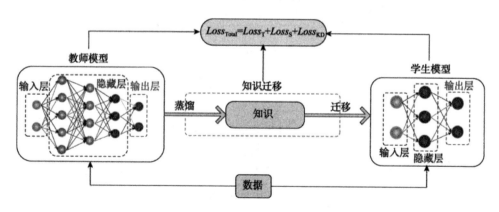

图 6-1　知识蒸馏框架

在知识蒸馏的实施过程中，损失函数（$Loss_{Total}$）的精心设计是关键环节之一。其通常由教师模型损失项（$Loss_T$）、学生模型损失项（$Loss_S$）及知识蒸馏损失项（$Loss_{KD}$）三部分构成，三者协同作用，共同指导学生模型的训练过程。其中，知识蒸馏损失项尤为关键，它直接衡量了学生模型输出与教师模型输出之间的相似度，通过优化该损失项，可以促使学生模型更好地模仿教师模型的预测行为。

进一步地，知识蒸馏技术可按其知识传递的粒度划分为序列级与词级两大类别。序列级知识蒸馏聚焦于整个句子层面的知识传递，通过教师模型生成的完整翻译序列来指导学生模型的生成过程，适用于需要保持句子整体连贯性与准确性的场景。而词级知识蒸馏则将知识传递的粒度细化至单词层面，利用教师模型在单词级别的输出概率分布来指导学生模型的训练，这种方法在保留更多细节信息的同时，也为学生模型提供了更为精细的学习指导。两者各有千秋，可根据具体任务需求灵活选择与应用。

（二）知识蒸馏技术的类型划分

知识蒸馏技术按训练策略和过程可以分为离线知识蒸馏、在线知识蒸馏和自知识蒸馏，在不同训练策略条件下应用不同的知识蒸馏技术。离线知识蒸馏方法中的教师模型需要进行预训练，即在蒸馏前教师模型需要先学习知识；其他方法下的教师模型和学生模型在蒸馏过程中学习知识即可，如图 6-2 所示。

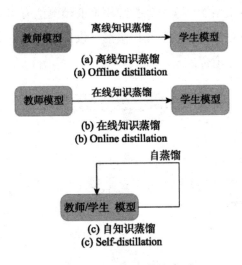

图 6-2　三种知识蒸馏类型

1. 离线知识蒸馏

大部分知识蒸馏方法都是采用离线知识蒸馏（Offline distillation），该方法从预训练的教师模型转移到学生模型，如图 6-2（a）所示。训练过程主要分为两个阶段：第一阶段，在蒸馏前用一组预训练样本预训练大规模教师模型；第二阶段，利用教师模型提取中间特征知识，来引导学生模型训练。Offline distillation集中在改进知识传递的不同部分，包括知识的设计和匹配特征或分布匹配的损失函数。Offline distillation通常采用单向知识转移和两阶段训练过程。学生模型的训练通常是在教师模型的指导下进行的。此外，大教师和小学生之间的能力差距始终存在，学生往往在很大程度上依赖于教师。

2. 在线知识蒸馏

在线知识蒸馏（Online distillation），是实时或动态的知识传递方法，其中教师模型的输出信息被用来指导学生模型的训练过程，即教师模型和学生模型同时更新，整个知识提炼框架是端到端可训练的，如图6-2（b）所示。Online distillation中，通常是在每个训练批次中使用教师模型的输出来计算损失，并根据该损失来更新学生模型的参数。Kim等人[1]提出了在线相互知识蒸馏的特征融合。旨在将知识从一个神经网络模型传递到另一个模型，从而提高后者的性能。该方法有效地将来自教师模型和学生模型的特征进行融合，以产生更强大的特征表示，从而实现在知识蒸馏中融合特征以改善性能。Chung等人[2]提出了用对抗网络的Online distillation方法，其中特征图信息是使用判别器进行训练的，训练过程为同时训练多个网络。Online distillation克服了Offline distillation的局限性，即使在没有高容量教师模型的情况下，也能提高学生模型的性能。

3. 自知识蒸馏

在自知识蒸馏（Self-distillation）中，教师和学生模型使用相同的网络，这可以被视为在线蒸馏的特殊情况，如图6-2（c）所示。Self-distillation学生模型被训练以模仿自己的输出，通常是在不同的软目标温度下，这有助于学生模型更好地理解自己的不确定性和模型的性能。Yun等人[3]在自知识蒸馏的基础上提出了按类自知识蒸馏，匹配具有相同模型的相同源内的类内样本和增强样本之间的

---

[1] KIM J, HYUN M, CHUNG I, et al.Feature fusion for on-line mutual knowledge distillation[C]// Proceedings of the 25th International Conference on Pattern Recognition, Mi-lan, Jan 10-15, 2021: 4619-4625.

[2] CHUNG I, PARK S U, KIM J, et al.Feature-map-level on-line adversarial knowledge distillation[C]// Proceedings of the 2020 International Conference on Machine Learning, Vi-enna, Jul 12-18, 2020: 2006-2015.

[3] YUN S, PARK J, LEE K, et al.Regularizing class-wise predictions via self-knowledge distillation[C]// Proceedings of the 2020 IEEE/CVF Conference on Computer Vision and Pattern Recognition, Seattle, Jun 14-19, 2020.Piscat-away: IEEE, 2020: 13876-13885.

训练模型的输出分布。Lee 等[①]人提出的自知识蒸馏能够有效进行数据增强，增强的自我知识再用于模型本身。

表 6-1 是对以上 3 种不同蒸馏技术的对比总结。近年来，知识蒸馏技术在自然语言处理领域广泛应用，在机器翻译方面知识蒸馏展现出了可观的发展前景。

表 6-1　三种知识蒸馏技术比较及应用市场

知识蒸馏类型	优点	不足	应用条件
离线知识蒸馏	1. 离线环境下可以离线训练和部署，适用于移动应用和服务器端应用 2. 离线环境下没有实时交互需求，更加简单易行	1. 学生模型过于依赖教师模型 2. 无法提供实时反馈	离线知识蒸馏适用于预训练和批处理训练的场景
在线知识蒸馏	1. 教师模型和学生模型同时更新，具有实时反馈性 2. 教师模型可以随着时间变化不断更新，动态性变化 3. 并行计算减少时间开销	1. 实时性要求可能会引入网络延迟 2. 每个训练批次中与教师模型交互，增加计算成本	在线知识蒸馏适用于需要实时反馈和决策的情况
自知识蒸馏	1. 能够提高模型鲁棒性和泛化能力 2. 缓解模型过拟合，更好适应新数据	1. 学生模型需要在不同温度下训练，增加计算成本 2. 相比以上两种蒸馏方法较为复杂	自知识蒸馏适用于改进模型的泛化和鲁棒性的情况

二、基于知识蒸馏的神经机器翻译发展领域

神经机器翻译领域虽已取得了显著进步，其应用边界不断拓展，但仍面临一系列挑战，这些挑战限制了其性能的进一步提升与应用范围的广泛化。具体而言，翻译过程中的"过译"现象，即部分语言单元被不必要地重复翻译，以及"漏译"问题，即某些信息在转换过程中被遗漏，共同构成了翻译准确性的重要障碍。此外，未登录词与低频词的处理难题，尤其是在低资源语言环境下，由于词汇库覆盖不全或数据稀缺，导致翻译质量显著下降。罕见词的存在，即便在常用语言中也因出现频率低而难以精准捕捉其语境意义，进一步加剧了翻译的不确定性。再者，Transformer 模型虽以其强大的上下文建模能力著称，但其庞大的参数量与计算需求，在资源受限环境中构成了部署与应用的重大挑战。

---

① LEE H, HWANG S J, SHIN J.Rethinking data augmenta-tion: self- supervision and self-distillation [EB/OL].[2023-10-17].https://arxiv.org/abs/1910.05872v1.

面对这些挑战，神经机器翻译技术正通过跨学科融合与技术创新寻求突破。知识蒸馏作为一种有效的模型压缩与知识迁移技术，已被引入到神经机器翻译领域，旨在通过简化复杂模型的结构与参数，同时保留其关键性能特征，从而实现在资源受限条件下的高效应用。与基线 Transformer 模型相比，知识蒸馏技术的应用不仅有助于减小模型体积，降低计算成本，还能在保持或提升翻译质量的前提下，提升模型的泛化能力与实际应用性能。这一趋势表明，神经机器翻译技术正逐步向更加智能化、高效化的方向发展，为解决多语言、多领域翻译难题提供了有力支持。

（一）多语言机器翻译

多语言神经机器翻译（MNMT）自提出以来取得了显著进展，显著改变了跨语言交流的方式。起初，神经机器翻译主要集中在双语之间的语言转换，但随着多语言需求的增加，MNMT 应运而生。它实现了从一种语言到多种语言、多种语言到一种语言以及多种语言之间的相互翻译。通过使用通用编码器和解码器，MNMT 在翻译多种语言对方面展现了高效性和性能提升。单一 NMT 模型处理多种语言对的方法进一步简化了模型架构，提高了翻译效率。

在此基础上，多语言预训练和微调技术提出了新的翻译思路，通过共享编码器和解码器的方式，统一的翻译模型不仅能够处理多语言任务，还能实现零资源翻译。引入语言聚类的方法将复杂的多语言翻译任务划分为更易管理的子任务，进一步提高了 MNMT 的实用性。

知识蒸馏技术在 MNMT 领域的应用也取得了显著成果。通过从大型监督MNMT 模型中提取知识并传递给无监督模型，显著提升了无监督模型的翻译性能。多教师 – 多学生框架的引入，使得零资源语言的神经机器翻译变得更加可行。神经元蒸馏技术通过识别关键神经元并进行知识传递，提高了模型的整体性能。知识蒸馏技术还被用于压缩 MNMT 模型的大小，通过优化模型结构，使得更薄但更深的模型在翻译任务中表现优异。

与传统的单语言模型和多基线模型相比，引入知识蒸馏技术的多语言神经机器翻译（KD-MNMT）在翻译质量上表现出明显优势。通过序列级和单词级知识蒸馏，KD-MNMT 在减少对大规模语料依赖的同时，更高效地利用了资源。模型的压缩使其在资源有限的环境中也能发挥作用。学生模型通过吸收多个教师模型的知识，降低了过拟合风险，从而提高了翻译质量。

整体而言，多语言神经机器翻译和知识蒸馏技术的结合，为跨语言翻译提供了高效且具可扩展性的解决方案，显著促进了语言间的无缝交流。

（二）多模态机器翻译

多模态神经机器翻译（MMT）在自然语言处理领域引起了广泛关注，其核心在于整合多种模态信息以提高翻译质量和准确性。MMT 通过引入文本以外的模态信息，如图片、视频、语音等，显著增强了传统文本翻译的效果。注意力机制在 MMT 中的应用，使得模型能够根据不同模态信息的重要性自动调整翻译过程，从而高效整合多种模态信息，提升神经机器翻译性能。无监督条件下的多模态神经机器翻译的研究，探讨了在缺乏双语平行数据的情况下实现高质量翻译的方法。通过联合训练模型充分利用目标语言上下文和视觉上下文，生成性能良好的初稿翻译，进一步提升了翻译质量。

Transformer 架构在 MMT 中的应用，通过多模态自注意机制编码多模态信息，图像感知注意机制引导下的文本诱导，拓展了传统文本到文本 Transformer 模型的输入和输出形式。多模态翻译模型的构建包括多个专门处理不同模态的编码器和解码器，从而实现从文本到图像等多种模态的跨模态、跨语言翻译功能。对多模态机器翻译的质量评估显示，视觉特征的引入显著提高了句子级别的翻译质量。将多媒体形式与文本信息结合，不仅丰富了翻译的语义表达，还增强了翻译的上下文理解能力。

在多媒体领域的研究进一步推动了 MMT 的发展。不同模态间的监督技术和对称蒸馏网络在文本到图像合成任务中的应用，展示了多模态信息的强大潜力。标准自回归翻译模型中的知识蒸馏技术，缓解了多模态问题，提高了翻译性能。新的 MMT 框架通过逆向知识蒸馏，在无图像推理的情况下也能实现高质量的多模态翻译。实验结果表明，逆向知识蒸馏框架在无图像测试阶段的表现优于几乎所有的 MMT 系统，这一成果打破了对图像数据集的依赖，显著扩展了多模态机器翻译的应用范围。

（三）低资源语言

低资源语言的机器翻译面临着由于训练数据有限而导致的翻译性能问题，这使得提高低资源语言翻译质量成为研究的重点。通过数据增强、迁移学习、自监督词切分等技术手段，能够在一定程度上缓解低资源语言数据稀缺的问题。数据增强方法，包括回译和随机替换，能够在句级和词级别增加数据多样性，从而提升模型的泛化能力。同义词替换基于低频词的增强方法，通过对低频词进行同义替换，提高数据的丰富性和模型的鲁棒性。迁移学习通过利用现有模型中的知识，增强新任务模型的性能，提供了有效的解决方案。元学习在低资源语言环境下，能够使模型在有限训练数据下更好地泛化和适应新任务。

知识蒸馏技术在低资源语言翻译中的引入，通过从高资源语言翻译模型中提取知识并传递到低资源语言模型中，显著提高了翻译质量。设计虚拟教师模型并在训练过程中增加损失函数，能够更准确地模拟词汇之间的差异性，提升翻译模型的性能。语言模型作为神经翻译模型的先验，通过知识提炼提高目标语言的翻译质量。大型多语言机器翻译模型的知识蒸馏，通过将知识从复杂的教师模型转移到较简单的学生模型中，在不损失性能的前提下实现模型压缩和性能提升。实验研究对蒸馏的合成数据量、学生架构、训练超参数和教师模型的置信度等参数进行调整，进一步验证了知识蒸馏在低资源语言翻译中的有效性。

层次蒸馏的多语言神经机器翻译方法，通过基于语言组的选择性知识蒸馏机制生成多语言教师助理模型，以自适应的方式提取最终多语言模型，增强低资源语言翻译。无教师知识蒸馏框架在低资源神经机器翻译中的应用，通过图蒸馏算法有效提升了翻译准确性。实验结果表明，图知识蒸馏能够显著提高低资源机器翻译的准确率，验证了其在低资源环境中的有效性。

低资源语言翻译技术的持续发展，依赖于不断创新的数据增强、迁移学习、知识蒸馏等方法。这些技术的融合和优化，为提高低资源语言翻译质量提供了有力支持，推动了低资源语言机器翻译的前沿研究和应用。

（四）自回归及非自回归

在神经机器翻译中，自回归和非自回归是两种不同的生成模型方法。自回归模型通过逐个生成目标语言单词，通常是从左到右，每个单词依赖于前面生成的单词，这种方法在翻译质量上表现较好。相对地，非自回归模型则能够同时生成多个目标语言单词，而无需按顺序生成，从而显著加快了翻译速度。非自回归模型由编码器堆栈、解码器堆栈、潜在变量预测器和用于令牌解码的翻译预测器组成。潜在变量预测器通过模拟每个输入单词的属性，并依赖于整个句子的信息和上下文来进行预测。

在非自回归神经机器翻译中，引入连接时序分类（CTC）技术改进了翻译性能，通过外部信息的引入帮助模型更好地生成目标语言翻译。此外，增强解码器输入质量和通过单语数据的预处理工作也进一步提升了非自回归翻译性能。知识蒸馏技术在非自回归翻译中的应用，降低了数据集的复杂性，帮助模型输出数据的变化。自知识蒸馏策略在非自回归模型中，通过预重排序和微调增强策略，进一步提升了翻译质量。

非自回归模型的表现与双语训练数据的数量和质量密切相关。引入知识蒸馏技术，通过减少词汇多样性和词汇重排程度，提升源目标注意置信度，使模型更好地学习源和目标之间的对齐关系。在篇章级非自回归神经机器翻译中，知识蒸馏表现更为出色。然而，知识蒸馏技术可能会丢失对模型翻译有用的关键信息，对低频词的词汇选择产生负面影响。为此，设计测量目标令牌对数据依赖性的模型，有助于降低依赖性，提高非自回归模型的训练效果。

无论是在自回归模型还是在非自回归模型中，引入知识蒸馏技术均能有效提高模型译文准确率。通过对不同模型和数据集进行对比实验，验证了标准知识蒸馏和选择性知识蒸馏的效果。知识蒸馏技术的引入显著提升了自回归模型 Transformer 和 DeepShallow，以及迭代非自回归模型 CMLM、非迭代非自回归模型 GLAT+CTC 的 BLEU 值，证明其在提升翻译准确性方面的有效性。

（五）其他领域

神经机器翻译（NMT）不仅在已有的应用领域中表现出色，也在其他领域展现出重要地位。篇章级神经机器翻译通过考虑文档上下文之间的关系，确保文档的一致性和流畅性。在这一领域中引入知识蒸馏技术，有助于减少模态的复杂性。假设文档具有多种模态，知识蒸馏在篇章级 NMT 中对于训练非自回归模型显得尤为关键，实验结果显示其在非自回归的篇章级神经机器翻译模型中发挥了重要作用。

同声传译涉及实时将一种语言的口头内容翻译成另一种语言。在传统的翻译中，翻译质量和翻译时间往往是矛盾的，翻译时间越长，获得的信息越完整，翻译质量越高，但可能会导致延误。知识蒸馏技术在同声传译中的应用，通过利用传统翻译模型作为教师，并采用两阶段的波束搜索算法生成单调而准确的参考翻译序列，实现了新的最先进性能，有效提高了翻译的质量和效率。

领域自适应是迁移学习的一种形式，利用领域外的平行语料库或单语语料库进行域内翻译，对于特定应用领域的翻译至关重要。领域自适应 NMT 通过解决训练数据与具体使用环境之间的差异，提高神经机器翻译系统在目标应用领域内的性能和适应性。将序列级知识蒸馏与目标领域适应性相结合，提出了双重蒸馏方法，一次在一般领域中进行，以提升学生模型的表现，再次使用领域适应的教师模型进行蒸馏，从而获得最佳效果。

神经机器翻译作为一种先进的翻译技术，有效解决了长句子翻译和大规模语料库等问题。引入知识蒸馏技术后，NMT 不仅能够压缩模型大小、减少计算资源，还在各方法上表现出显著优势。各领域的应用和实验结果进一步验证了知识蒸馏技术在提升 NMT 性能和适应性方面的巨大潜力。

三、神经机器翻译技术未来研究方向及展望

神经机器翻译提出了应用多种不同技术处理多种不同问题，在各个领域神经机器翻译都发挥了重要作用。但其仍在模型架构、算法训练等方面存在有待改进之处，神经机器翻译的研究和发展仍是未来的重点研究方向。

（一）大语言模型

大语言模型（LLM）在神经机器翻译（NMT）中的应用展现了显著的潜力和前景。经过大规模预训练的神经网络模型，如 BERT 和 GPT，具备强大的语言理解和生成能力，能够显著提升翻译质量、语法结构和上下文理解。然而，随着模型参数和结构的增大，存在参数冗余和结构重复等问题，引入知识蒸馏技术对大规模语言模型进行压缩成为未来研究的一个重要方向。

1. BERT 模型

2018 年提出的 BERT 模型采用 Transformer 架构，是一种深度学习模型，特别适用于处理自然语言文本。BERT 作为一种双向预训练模型，通过在大规模文本语料上进行训练，能够更好地理解文本中的上下文信息，并在特定自然语言处理（NLP）任务上微调以提高模型性能。在 NMT 中，BERT 能够通过提取输入序列的表示并与 NMT 模型的编码器 – 解码器层进行融合，从而提高翻译的准确性和流畅性。尽管 BERT 模型在神经机器翻译中表现优异，但其在资源受限的条件下应用困难，因此轻量化 BERT 模型成为一个研究重点。通过对 BERT 模型进行压缩，如提出 TinyBERT 模型，可以在保持预训练语言模型（PLM）性能的同时减少计算开销和模型存储问题，从而提高在资源受限环境下的应用可行性。

BERT 在处理源语言和目标语言的任务中展现了优越性，减少了翻译流程中的中间步骤。引入知识蒸馏技术可以实现更快速、低延迟的翻译方法，使 NMT

模型能够在实时或近实时的应用中得到更广泛的应用。然而，在 BERT 模型引入知识蒸馏框架的训练过程中仍存在一些挑战。在多任务学习中，如果任务之间关联性较弱，选择适合的教师模型任务及蒸馏策略以获得高效蒸馏结果是关键问题。此外，数据不平衡可能导致学生模型结果偏向，需要解决在不平衡条件下蒸馏出精确结果的问题。策略梯度高方差问题也是一个需要进一步探讨的挑战。在这些挑战中，如何将 BERT 无缝集成到 NMT 模型中，以提高翻译质量，是未来的一项重要研究方向。

2. GPT 模型

GPT 模型，通过在大规模文本数据上进行预训练，展现了强大的文本理解和生成能力。GPT 在 NMT 中作为强大的文本生成模型，通过微调适应特定语言对的翻译任务，能够处理各种自然语言处理任务。在高资源语言翻译任务中，GPT 表现出色，研究表明其在低资源语言中的能力有限。通过联合 GPT 模型与其他翻译系统，可以进一步提高翻译质量。GPT-3.5 模型在篇章级机器翻译中，通过上下文指导模型翻译，表现出了对用户指令理解能力的增强。在机器翻译中，合成数据有助于训练更好的 NMT 模型，特别是对低资源语言和领域。通过微调预训练 GPT 模型生成大量合成数据，能够提高 NMT 的翻译质量。

尽管 LLM 在各种任务中表现出色，但其对低资源语言的适用性有待加强。提出 LLM 的压缩方法，降低模型大小和计算复杂度，以提升 GPT 在低资源语言对上的翻译任务是一项重要研究方向。对 GPT 进行量化操作以压缩模型大小，传统量化方法主要关注于减少参数的位数，但可能无法完全保留模型的复杂知识。引入知识蒸馏框架，通过压缩和提升 GPT 大语言模型的性能，展示了未来的发展潜力。然而，GPT 模型作为"黑盒"模型，其知识蒸馏缺乏可解释性，导致学生模型难以理解如何从教师模型中获取和学习知识。因此，增强 GPT 知识蒸馏的可解释性仍需进一步探讨。

此外，GPT 预训练模型通常非常庞大，包含数亿或数十亿参数。在知识蒸馏训练过程中，迁移到小模型中的参数量庞大，可能在计算和存储方面面临困难。通过知识蒸馏技术进一步压缩 GPT 的参数，解决这一关键问题是未来研究的重要方向。GPT 模型主要用于生成任务，如何有效地蒸馏生成任务中的知识，也是一个值得进一步考虑的问题。结合 GPT 预训练模型和知识蒸馏架构，以提高翻译质量、效率和多语言性能，是神经机器翻译领域的未来发展重点。

（二）零资源语言

零资源语言神经机器翻译指的是处理缺乏大规模平行语料库的语言或方言的翻译任务。这些语言在翻译研究中被称为"零资源语言"，因其数据稀缺性，传统的神经机器翻译（NMT）方法难以在此类语言中取得成功。零资源语言的挑战在于缺乏足够的数据来训练高质量的翻译模型，使得传统的 NMT 方法难以应用。在零资源语言的神经机器翻译中，引入知识蒸馏技术提供了一种新的解决方案。该技术通过使用复杂的教师模型合成数据，从而为学生模型提供替代训练样本。这种方法无须额外的数据，通过知识蒸馏将教师模型中的知识传递给学生模型，从而提高零资源语言翻译模型的性能。尽管这种方法有效，但在零资源语言的应用中仍存在若干问题需要解决。

首先，大语言模型的训练通常需要大量的参数和计算资源。在合成数据方面，教师模型的复杂性可能导致时间和资源的巨大消耗。因此，需要探索在不同任务上训练多个教师模型以获得先验知识，并有效地提取和利用数据。这种方法不仅可以提高模型的训练效率，还能减少资源消耗，从而更好地适应零资源语言的翻译需求。

其次，知识蒸馏技术虽然能够将具有丰富训练数据的语言知识迁移到零资源语言中，但在处理多种语言混合输入时仍存在挑战。多种语言的混合句子翻译需要模型具备更高的灵活性和适应性。为解决这一问题，需要进一步研究如何在知识蒸馏过程中处理多语言混合输入，确保翻译模型能够准确理解和翻译混合语言的内容。

此外，在零资源语言中应用知识蒸馏技术还需考虑模型的可扩展性和通用性。零资源语言通常具有高度的多样性和复杂性，不同语言之间的语法和语义差异较大。如何设计通用的知识蒸馏框架，使其能够适应不同零资源语言的特点，是一个重要的研究方向。这不仅要求对模型结构进行优化，还需在数据处理和训练策略上进行创新。

在此背景下，进一步研究零资源语言神经机器翻译中的知识蒸馏技术具有重要意义。这将有助于开发更高效、更灵活的翻译模型，满足不同语言和场景的需求。通过不断优化和创新，可以推动零资源语言的翻译研究迈向新的高度，为语言技术的发展带来新的动力。零资源语言神经机器翻译中的知识蒸馏技术尽管面临诸多挑战，但其潜力和前景令人期待。通过在不同任务上训练多个教师模型，合成数据以辅助学生模型的训练，可以在一定程度上克服数据稀缺的问题。此外，通过优化模型结构和训练策略，可以提高多语言混合输入的处理能力，增强翻译模型的灵活性和适应性。未来的研究将继续探索如何在零资源语言中有效应用知识蒸馏技术，以提升翻译质量和效率，推动这一领域的持续发展。

（三）多模态神经机器翻译

多模态神经机器翻译作为当前神经机器翻译的一个重要分支，集成了文本、图像、语音等多种类型的信息，以实现更为精准和自然的翻译效果。这种方法通过融合多种输入模态和输出模态，提供了更为丰富的上下文信息，从而提高了翻译的质量和流畅度。多模态机器翻译（MMT）的发展方向不仅体现在对现有模型的优化上，也涉及到如何有效利用知识蒸馏技术，将复杂的信息处理过程简化并提升翻译性能。

知识蒸馏技术在多模态机器翻译中的应用具有显著优势。通过将复杂的教师模型中的知识传递给较为简单的学生模型，知识蒸馏不仅减少了训练新模型所需的时间和资源，还在多模态翻译任务中显著提高了翻译的准确性和一致性。学生模型能够通过学习教师模型的行为模式，减少翻译过程中的错误，从而提升整体翻译质量。知识蒸馏在 MMT 中的应用，体现了其在处理多模态数据和任务方面的强大能力。

在多模态翻译任务中，面临的主要挑战之一是如何在知识蒸馏过程中对齐不同模态之间的语义信息。不同模态的信息，如文本的语言特征、图像的视觉特征和语音的音频特征，具有各自的独特属性和表达方式。在知识蒸馏过程中，确保不同模态的信息能够有效融合，并在翻译输出中保持一致，是一项复杂而重要的任务。这需要构建能够捕捉和对齐多模态信息的模型架构，从而在翻译结果中保持各模态信息的一致性和完整性。此外，在多模态翻译任务中，信息在模态转换过程中如何确保不丢失也是一个关键问题。模态转换过程中，信息的完整传递和准确表达直接影响到翻译质量。为此，模型需要具备强大的信息处理和传递能力，能够在多模态转换过程中有效保留和利用各模态的信息。这不仅涉及到模型的设计和优化，还需要在数据处理和训练策略上进行创新，以确保信息传递的准确性和完整性。

另一个需要解决的问题是如何构建能够处理不同类型输入和输出的模型架构。由于多模态翻译涉及到文本、图像和语音等多种模态，模型的结构通常较为复杂。在这种情况下，引入知识蒸馏技术可以简化模型的训练过程，提高模型的泛化能力和稳定性。通过将教师模型中的知识有效传递给学生模型，知识蒸馏技术在处理多模态翻译任务时，能够在保证翻译质量的前提下，显著降低模型的复杂性和计算成本。多模态神经机器翻译在集成多模态信息、提升翻译质量方面具有重要意义。通过引入知识蒸馏技术，可以有效解决多模态翻译中的一些关键问题，如语义信息对齐、模态转换中的信息保留以及模型架构的构建等。在未来的发展中，多模态神经机器翻译将继续探索和优化这些技术，进一步提高翻译的准确性、流畅性和一致性，推动神经机器翻译技术的不断进步。

第三节　技术、政策与市场：机器翻译的可持续发展

一、机器翻译技术的发展回顾

机器翻译（MT）的发展历程展示了这一领域的技术进步及其演变。从 20 世纪中叶计算机科学初步形成之际，机器翻译作为计算语言学的重要分支，经历了从规则基础到统计方法，再到深度学习和多模态技术的显著变革。了解这一过程不仅有助于把握现有技术的优势和局限，也为未来的发展方向提供了指引。

在机器翻译的早期阶段，研究者主要依赖规则系统来处理语言的转换问题。这些系统基于由语言学家和计算机科学家共同制定的语法规则和词典，试图通过明确的规则集来实现语言之间的映射。尽管这种方法在理论上为机器翻译提供了一个清晰的框架，但在实践中，由于自然语言的复杂性和多样性，早期的规则系统往往难以生成高质量的翻译结果。这一阶段的研究虽然奠定了机器翻译的基础，但也暴露出规则系统在处理语言变异和模糊性的局限性。

20 世纪 70 年代至 90 年代，统计机器翻译（Statistical Machine Translation，SMT）成为主流。与规则系统不同，SMT 依赖于大量的双语语料库，通过统计方法学习语言之间的转换规律。这一时期的技术进步显著提升了机器翻译的性能，使得翻译模型能够根据大量的实际语言数据进行训练。然而，SMT 也存在数据质量和数量的瓶颈，其性能受限于训练数据的规模和代表性。尽管统计方法在一定程度上改善了翻译结果的流畅性和自然性，但对于复杂的语言现象和语境的处理

仍显不足。

进入 21 世纪，深度学习技术的兴起为机器翻译带来了革命性的变化。神经网络机器翻译（NMT）利用深度学习模型模拟人脑的神经网络结构，更好地捕捉语言的语义和语法特征。NMT 的核心是序列到序列（Seq2Seq）模型，该模型通过循环神经网络（RNN）或长短期记忆网络（LSTM）来实现源语言到目标语言的转换。这一技术进步显著提高了翻译的流畅性和准确性，弥补了统计方法在处理复杂语言结构和长距离依赖上的不足。

随着深度学习的不断发展，Transformer 模型的出现进一步推动了机器翻译技术的进步。Transformer 模型以其自注意力机制（Self-Attention Mechanism）解决了传统神经网络在长距离依赖问题上的不足。通过并行处理和动态加权，Transformer 模型显著提高了翻译的效率和质量。深度学习技术的应用不仅增强了模型对语言规律的自动学习能力，也使得机器翻译系统能够处理多种语言和领域，提高了系统的通用性和灵活性。

多模态机器翻译（MMT）的引入是机器翻译技术的另一重要进展。MMT 不仅限于文本到文本的转换，还扩展到图像、语音和视频等多种数据类型的处理。在自动字幕生成和图像描述生成等应用场景中，MMT 系统需要理解并整合来自不同模态的信息。这一技术不仅拓宽了机器翻译的应用范围，也为跨模态信息处理提供了新的研究方向。通过多模态交互，MMT 系统能够更全面地理解输入数据，提高翻译的准确性和自然性。

尽管机器翻译技术取得了显著进展，但仍面临多个挑战。数据质量和多样性问题依然存在，高质量的双语语料库对于训练准确的翻译模型至关重要。然而，低资源语言的翻译任务常常因数据量不足而面临困难。上下文理解的能力也是当前机器翻译系统的一大挑战，尤其是在处理复杂语境和隐含意义时，现有系统的表现仍有待提升。此外，实时性和个性化需求的增加促使机器翻译系统需要更快的响应速度和更高的个性化水平。伦理和隐私问题也日益受到关注，如何在广泛应用的背景下保护用户隐私并处理翻译中的伦理问题是未来研究的重点。

展望未来，机器翻译技术的发展将进一步依赖于人工智能技术的集成。结合自然语言处理、计算机视觉和语音识别等领域的技术，将实现更加全面的多模态翻译系统。强化学习和对抗训练的应用将优化翻译策略，提高翻译质量。跨语言知识迁移技术的引入有望提升低资源语言的翻译能力。提高系统的可解释性和透明度，以增强用户的信任感，将成为未来的重要研究方向。

机器翻译技术的持续进步不仅推动了语言障碍的消除，也为全球化交流和文化多样性的保护作出了重要贡献。随着技术的不断成熟，机器翻译将在未来的通信和信息处理中扮演更加重要的角色。

二、政策法规对机器翻译技术发展的影响

随着全球化进程的推进和数字经济的迅猛发展，机器翻译技术作为一种关键的语言处理工具，在国际交流、商业合作和文化传播中扮演着重要角色。政策法规在这一领域的作用不可忽视，它不仅为机器翻译技术的创新和应用提供了法律框架，还对其发展方向和应用范围产生深远的影响。

（一）国际法规与机器翻译

国际法规对机器翻译技术的影响主要体现在版权保护和技术应用规范两个方面。机器翻译在全球化的语境中被广泛应用于国际贸易、文化交流和多语言信息处理等领域。为确保翻译作品和相关技术在法律框架下得到合理保护，国际社会制定了如《世界知识产权组织版权条约》和《伯尔尼保护文学和艺术作品公约》等法规。这些法规的核心在于保护原作者的版权，防止未经授权的复制和传播，从而促使机器翻译技术在合法合规的框架内发展。

这些国际法规为机器翻译技术的创新和应用提供了基本的法律指导。通过对翻译作品的版权进行保护，国际法规鼓励了更多的翻译资源投入和技术创新，同时也为机器翻译技术的应用提供了法律保障。然而，这些法规在处理机器翻译技术带来的新问题时仍需进一步完善。例如，如何平衡翻译的合法使用与版权保护之间的关系，确保翻译过程中不侵犯原作者的权益，而又能充分发挥技术的作用，这是当前国际法规面临的一项挑战。

（二）国家政策对机器翻译的支持与限制

各国政府的政策对机器翻译技术的发展有着直接而深远的影响。不同国家对于机器翻译技术的支持和限制往往受到科技进步、文化保护以及国家安全等多重因素的考量。以中国为例，国家政策高度重视科技创新和信息技术的发展，机器翻译作为人工智能领域的重要组成部分，得到了国家层面的积极支持。国家通过资金投入、人才培养、技术研发等措施，推动机器翻译技术的研究和应用。同时，国家政策鼓励产学研合作，促进技术的普及和商业化应用。

然而，国家政策也可能对机器翻译技术的应用设定一定的限制。这些限制通常出于国家安全、文化保护及社会稳定的考量。例如，在一些敏感领域，机器翻译可能受到严格的监管，以防止技术滥用或信息泄露。此外，对于机器翻译技术的监管和管理也需要政策层面的明确指引，确保技术的应用不会侵犯个人隐私或引发社会不稳定。如何在支持技术创新的同时，合理规制其应用范围，是各国政策制定者需要权衡的问题。

（三）知识产权与机器翻译的法律问题

机器翻译技术的应用涉及大量的数据和信息处理，因此知识产权问题成为该领域的重要议题。机器翻译系统通常需要使用大量的语料库进行训练，这些语料库中可能包含受版权保护的作品。在这种背景下，如何合法使用这些受保护的作品，并同时保护原作者的知识产权，是一个复杂而重要的问题。现有的知识产权法规在处理机器翻译生成内容的版权归属问题上尚无明确的法律框架，这也导致了翻译成果的版权归属存在不确定性。

此外，机器翻译生成的作品是否具有著作权，其版权归属问题也是一个法律上尚需明确的领域。当前，机器翻译生成的内容通常被视为工具生成的结果，而非创作性的作品，因此其著作权归属问题尚未得到法律的充分界定。如何在保护知识产权和促进技术发展的双重目标之间找到平衡，是当前法律界和技术界需要共同面对的挑战。

（四）政策制定对机器翻译技术发展的推动作用

政策制定在推动机器翻译技术的发展中发挥了关键作用。政府通过立法和政策引导，为机器翻译技术的研究和发展提供了良好的法律环境。一方面，制定相关标准和规范能够推动机器翻译技术的标准化和规范化发展，确保技术的健康发展和应用。例如，政府可以通过制定行业标准，规范机器翻译技术的研发和应用，推动技术的统一性和兼容性。另一方面，政府还可以通过税收优惠、资金支持等措施，鼓励企业和研究机构投入机器翻译技术的研发。这种支持有助于加速技术创新，提升技术的应用水平。

同时，政策制定者也需要考虑机器翻译技术的伦理、社会和文化影响。在推动机器翻译技术发展的过程中，需关注对语言多样性的保护，避免技术发展对小语种或少数民族语言造成负面影响。政策制定还需要关注技术的伦理问题，如数据隐私、算法偏见等，确保技术的应用不会损害社会公共利益和个人权益。通过全面考虑这些因素，政策制定者可以为机器翻译技术的健康发展提供更加全面的保障。

三、市场需求与机器翻译技术的商业化发展

在全球化和数字化的背景下，机器翻译技术不仅在学术研究中占据重要地位，也在商业领域发挥着越来越显著的作用。市场需求的增长与技术的进步促使机器翻译技术的商业化进程不断深化，涉及多个行业的应用场景，推动了其商业模式的多样化和市场竞争的加剧。

（一）机器翻译在不同行业的应用

机器翻译技术的应用已经渗透到多个行业，为全球贸易、文化交流和信息共享提供了有效的解决方案。在旅游业、电子商务、法律及医疗等行业，机器翻译技术的应用展现了其广泛的实用性和商业潜力。

在旅游业中，机器翻译技术提供了极大的便利，使得游客能够跨越语言障碍，提升旅行体验。通过在线旅游平台的多语言界面以及移动应用中的实时语音翻译，机器翻译技术不仅使游客能够更轻松地进行信息获取，还促进了旅游服务的全球化发展。这种应用大大提高了旅游业的服务质量和市场覆盖率。

在电子商务领域，机器翻译技术的商业化表现尤为突出。随着电商平台的国际化发展，机器翻译成为连接不同语言用户的桥梁。商品描述的自动翻译和客户服务中的多语言支持使得企业能够更好地服务于全球客户，从而加速了产品的本地化进程和市场扩展。这种技术的应用有助于提升客户满意度和企业竞争力。

法律和医疗领域对语言的准确性要求极高，机器翻译技术在这些领域的应用也逐渐增多。在法律领域，机器翻译可以迅速翻译法律文件和合同，提高工作效率，并缩短翻译时间。在医疗领域，机器翻译用于翻译病历、医学文献和药品说明书，为患者提供准确的信息。然而，由于这些领域对翻译质量的严格要求，机器翻译技术在这些应用中的准确性和可靠性仍需进一步提高。

（二）消费者需求对机器翻译的影响

消费者需求是推动机器翻译技术发展和商业化的重要驱动力。随着全球化进程的加快，消费者对多语言服务的需求不断增加。这种需求包括无障碍的信息获取、便捷的商品和服务购买等。消费者期望能够在各种语言环境中顺利交流和操作，这一需求促使企业不断优化机器翻译技术，提升其准确性和实用性。

消费者在面对多语言信息时，尤其是在互联网和移动应用中，倾向于使用机器翻译服务以获取更准确的内容。这种趋势促使服务提供商在技术研发中投入更多资源，以满足日益增长的市场需求。消费者对机器翻译服务的期望，包括快速响应、翻译质量和用户体验等，直接影响了机器翻译技术的发展方向和商业模式的创新。

（三）商业模式与盈利途径

机器翻译技术的商业化需要创新的商业模式和盈利途径。当前，机器翻译服务的主要商业模式包括订阅服务、按需付费和广告支持等。

订阅服务模式为用户提供持续的翻译服务，通过定期的收费来实现盈利。这种模式适合于需要长期翻译服务的企业和个人用户，能够提供稳定的收入来源。按需付费模式则允许用户根据实际需求购买翻译服务，这种灵活的收费方式适用于偶尔需要翻译服务的用户。广告支持模式则通过在免费服务中嵌入广告来实现盈利，这种模式能够在吸引大量用户的同时，为服务提供商带来收益。

此外，企业还可以通过技术许可、平台合作等方式拓展盈利途径。例如，一些企业将其翻译技术授权给其他公司使用，或与其他技术提供商合作，共同开发新产品和服务。这些商业模式的创新不仅提升了机器翻译技术的市场竞争力，也推动了技术的广泛应用。

（四）市场竞争与合作

随着机器翻译技术的成熟和市场需求的增长，市场竞争日益激烈。越来越多的企业进入机器翻译领域，推动了技术创新和服务优化。在这种竞争环境下，企业需要不断提升翻译质量、优化用户体验，并探索新的应用场景，以在激烈的市场竞争中脱颖而出。

与此同时，合作也成为机器翻译市场的一个重要趋势。企业之间通过技术合作、资源共享和市场拓展等方式，共同推动机器翻译技术的发展和应用。通过合作，企业能够整合各自的技术优势，提升整体服务水平，并拓展市场份额。例如，技术合作可以加速技术的研发和应用，资源共享可以降低研发成本，市场拓展则有助于开辟新的商业机会。

四、机器翻译可持续发展的挑战与机遇

（一）技术进步与可持续发展的平衡

技术进步是推动社会进步的关键因素，但同时也带来了系列挑战，特别是在可持续发展的背景下。在机器翻译领域，技术进步带来的挑战主要体现在如何平衡创新速度与社会、环境的可持续性。一方面，技术的快速发展可以提高翻译的效率和质量，满足日益增长的市场需求；另一方面，技术的快速迭代可能导致资源的浪费和环境的负担。因此，实现技术进步与可持续发展的平衡，需要在技术创新的同时，考虑其对环境、社会和经济的长远影响。

在技术进步的驱动下，机器翻译领域涌现出诸多创新成果，这些成果极大地提升了翻译的精确度和效率。然而，这种快速发展的趋势也带来了新的问题，即如何在满足市场需求的同时，避免资源的过度消耗和环境的负面影响。为此，技术开发者和企业需要在追求技术突破的过程中，积极采用环保和节能的措施，努力实现技术发展与环境保护的双赢局面。

（二）政策法规在可持续发展中的角色

政策法规在推动可持续发展中扮演着至关重要的角色。对于机器翻译而言，政策法规不仅能够为技术发展提供指导和规范，还能够确保技术应用的伦理性和公平性。例如，通过制定数据保护法规，可以保护用户隐私，防止数据滥用；通过制定环境法规，可以减少技术发展对环境的负面影响。此外，政策法规还可以通过激励措施，如税收优惠、资金支持等，鼓励企业采用可持续的技术发展模式。

在政策层面，政府和相关机构应加强对机器翻译技术的监管，确保其发展路径符合可持续发展的要求。具体而言，应制定详细的技术标准和环保规定，明确技术开发和应用过程中的环境责任。同时，通过立法和行政手段，鼓励企业和研究机构在技术创新中融入可持续发展的理念，从而推动行业整体向绿色和可持续方向发展。

（三）市场需求与可持续发展的互动

市场需求是推动机器翻译技术发展的重要动力，但同时也需要与可持续发展的目标相协调。随着全球化的深入，市场对机器翻译的需求不断增长，这为技术发展提供了广阔的空间。然而，市场需求的快速增长也可能导致资源的过度开发

和环境的破坏。因此，实现市场需求与可持续发展的互动，需要在满足市场需求的同时，考虑资源的合理利用和环境的保护。这可能涉及到开发更加节能的算法、使用可再生能源以及推广绿色计算等措施。

在市场机制下，消费者和企业的需求直接影响着机器翻译技术的发展方向。然而，这种需求增长的背后，往往伴随着资源消耗和环境压力的增加。因此，技术开发者和企业需要在产品设计和服务提供中，积极采用可持续发展策略，平衡市场需求与环境保护的关系。通过技术创新和管理优化，实现高效资源利用和低碳发展，从而满足市场需求和可持续发展的双重目标。

（四）可持续发展的策略与建议

为了实现机器翻译技术的可持续发展，需要采取一系列策略和措施。首先，加强技术研发，提高翻译的准确性和效率，减少资源消耗。其次，推广绿色计算和节能技术，减少机器翻译对环境的影响。再次，加强政策法规的制定和执行，确保技术发展符合可持续发展的要求。此外，提高公众对可持续发展的认识，鼓励社会各界参与到可持续发展的实践中来。

在具体实施策略时，可以考虑以下方面：

技术创新：开发更加智能和高效的翻译算法，减少计算资源的消耗。通过引入先进的人工智能和机器学习技术，提升翻译系统的性能和可靠性，从而实现高效、低能耗的翻译服务。

资源管理：优化数据存储和处理流程，提高资源的利用效率。通过采用分布式计算和云存储技术，合理配置和利用计算资源，降低数据中心的能耗和碳排放。

环境友好：采用清洁能源和低碳技术，减少机器翻译对环境的影响。在数据中心和服务器运行中，优先使用可再生能源，推广节能减排技术，减少碳足迹。

社会参与：加强与社会各界的合作，共同推动可持续发展的实践。通过行业联盟和跨界合作，整合各方资源和力量，推动机器翻译技术在可持续发展领域的应用和推广。

伦理考量：确保机器翻译技术的应用不侵犯个人隐私，尊重文化多样性。在技术开发和应用中，严格遵守伦理规范和数据保护法规，保障用户隐私和信息安全，尊重不同文化和语言的独特性。

综上所述，机器翻译技术在可持续发展过程中面临诸多挑战，但也充满机遇。

通过技术创新、政策引导和社会参与，可以实现机器翻译技术的可持续发展，为全球经济和社会进步做出积极贡献。在未来的发展道路上，技术开发者、企业和政策制定者需要共同努力，探索可持续发展的最佳路径，推动机器翻译技术向更加绿色、智能和人性化的方向发展。

参考文献

[1]CHUNG I，PARK S U，KIM J，et al.Feature–map–level on–line adversarial knowledge distillation[C]//Proceedings of the 2020 International Conference on Machine Learning，Vi–enna，Jul 12–18，2020：2006–2015.

[2]KIM J，HYUN M，CHUNG I，et al.Feature fusion for on–line mutual knowledge distillation[C]//Proceedings of the 25th International Conference on Pattern Recognition，Mi–lan，Jan 10–15，2021：4619–4625.

[3]LEE H，HWANG S J，SHIN J.Rethinking data augmenta–tion：self– supervision and self–distillation[EB/OL].[2023–10–17].https：//arxiv.org/abs/1910.05872v1.

[4]YUN S，PARK J，LEE K，et al.Regularizing class–wise predictions via self–knowledge distillation[C]//Proceedings of the 2020 IEEE/CVF Conference on Computer Vision and Pattern Recognition，Seattle，Jun 14–19，2020.Piscat–away：IEEE，2020：13876–13885.

[5]曹骞，熊德意.基于数据扩充的翻译记忆库与神经机器翻译融合方法[J].中文信息学报，2020，34（5）：36–43.

[6]曾文颢，张勇丙，余正涛，等.融入翻译记忆库的法律领域神经机器翻译方法[J].电子技术应用，2023，49（9）：39–45.

[7]柴同文.系统功能语言学理论中的互补思想[J].外国语文（四川外语学院学报），2013，29（2）：99–104.

[8]陈一龙.韩礼德系统功能语言学三分范式识解[J].湘潭大学学报（哲学社会科学版），2023，47（6）：188–192.

[9]高茹，赵玲.系统功能语言学视域下汉语文化负载词英译研究[J].佳木斯大学社会科学学报，2024，42（3）：87–90.

[10] 郝俊杰，莫爱屏.翻译技术的伦理探索[J].上海翻译，2019（5）：58-63.

[11]何俊.自然语言处理在机器翻译领域的研究进展[J].家电维修，2024（02）：52-55.

[12]胡仁青.基于深度学习算法的机器自动翻译质量评估模型[J].电子设计工程，2021，29（21）：33-37，42.

[13]鞠红.系统功能语言学视域下的低调陈述修辞研究[J].安徽大学学报（哲学社会科学版），2020，44（6）：72-79.

[14]李晗佶，陈海庆.技术化时代的翻译伦理研究：挑战与拓展[J].东北大学学报（社会科学版），2020，22（1）：112-119.

[15]李学宁，李向明，宋孟洪.系统功能语言学在自然语言处理中的知识表示研究[M].上海：上海交通大学出版社，2018.

[16]李颖，曲巍巍，修树新，等.机器翻译的译后编辑策略探究[J].湖北成人教育学院学报，2024，30（2）：96-102.

[17]林亚军.功能主义语言学思想略论[J].学术交流，2008（8）：133-135.

[18]刘成科，孔燕.翻译技术伦理的本质追问及基本向度[J].外语学刊，2023（5）：79-85.

[19]刘璐.基于神经网络机器翻译的英汉译文质量对比研究[J].畅谈，2022（5）：88-90.

[20]卢芸蓉，郭心怡.类比语言的类型、特征与功能[J].现代语文，2024（3）：65-70.

[21]陆正海.基于语料库的网页机器翻译[J].安徽文学（下半月），2014（12）：42-43+48.

[22]吕桂.系统功能语言学翻译质量评估模式的实证与反思[J].外语研究，2010（2）：64-69.

[23]马畅，田永红，郑晓莉，等.基于知识蒸馏的神经机器翻译综述[J].计算机科学与探索，2024，18（7）：1725-1747.

[24]祁玉玲，蒋跃.基于语言计量特征的文学翻译质量评估模型的构建[J].西安电子科技大学学报（社会科学版），2016（1）：84-92.

[25]秦红梅.机器翻译在文学翻译中的适用性与局限性实践探索[J].海外英

语，2024（07）：25-27.

[26] 邱石贵.神经机器翻译的正则化技术研究 [D].苏州：苏州大学，2022：3.

[27] 司显柱.论功能语言学视角的翻译质量评估模式研究 [J].外语教学，2004，25（4）：45-50.

[28] 宋纯花.基于人工智能的深度神经网络优化英语机器翻译 [J].现代电子技术，2024，47（3）：80-84.

[29] 王海峰，何中军，吴华.神经网络机器翻译技术及产业应用 [M].北京：机械工业出版社，2023.

[30] 王健坤.功能语言学理论与应用 [M].哈尔滨：哈尔滨工程大学出版社，2011.

[31] 王均松，庄淙茜，魏勇鹏.机器翻译质量评估：方法、应用及展望 [J].外国语文，2024，40（3）：135-144.

[32] 王铭玉，于鑫.功能语言学 [M].上海：上海外语教育出版社，2007.

[33] 吴俊峰.系统功能语言学视角下中华文化英语传播能力的培养 [J].中小学英语教学与研究，2023（8）：43-47，62.

[34] 谢刚，绪可望.认知语言学社会文化与功能转向理论问题探索 [J].湖南大学学报（社会科学版），2023，37（1）：97-105.

[35] 辛斌.系统功能语言学和认知语言学在批评话语分析中的兼容互补性刍议 [J].外语研究，2023，40（6）：1-6，23.

[36] 熊德意，李良友，张檬.神经机器翻译：基础、原理、实践与进阶 [M].北京：电子工业出版社，2022.

[37] 杨志红.翻译质量量化评估：模式、趋势与启示 [J].外语研究，2012（6）：65-69.

[38] 易经.试论翻译学体系的构建 [D].长沙：湖南师范大学，2009.

[39] 臧宏宇.基于神经网络学习的统计机器翻译分析 [J].电脑迷，2017（15）：240.

[40] 张德禄.教育语言学的超学科性和多模态性探索：系统功能视角 [J].解放军外国语学院学报，2024，47（1）：1-10.

[41] 张岚.功能语言学视角下模糊语言的转换研究 [J].佳木斯大学社会科学学报，2024，42（1）：117-119，122.

[42] 赵会军，林国滨 . 机器翻译词语漏译的语料库语境策略研究 [J]. 外语教学与研究，2022，54（02）：277–287+321.

[43] 赵蕊华，黄国文 . 汉语生态和谐化构建的系统功能语言学分析 [J]. 外语研究，2019，36（4）：44–49，108.

[44] 郑亚亚 . 译者语篇意义建构及其能力研究 [J]. 南京工程学院学报（社会科学版），2023，23（03）：47.

[45] 周孝青，段湘煜，俞鸿飞，等 . 基于递进式半知识蒸馏的神经机器翻译 [J]. 中文信息学报，2021，35（2）：52–60.

[46] 朱杰，古明 . 基于语料库的机器翻译 [J]. 现代交际，2019（17）：100–101.